RÉPUBLIQUE FRANÇAISE
Liberté — Égalité — Fraternité

DÉPARTEMENT DE LA SEINE

DIRECTION DES AFFAIRES DÉPARTEMENTALES

ÉTAT DES COMMUNES

A LA FIN DU XIXe SIÈCLE

publié sous les auspices du Conseil Général

NOISY-LE-SEC

NOTICE HISTORIQUE
ET
RENSEIGNEMENTS ADMINISTRATIFS

MONTÉVRAIN
IMPRIMERIE TYPOGRAPHIQUE DE L'ÉCOLE D'ALEMBERT

1900

NOISY-LE-SEC

MONOGRAPHIES

En vente :

ÉPINAY
PIERREFITTE
STAINS
VILLETANEUSE
ORLY
DUGNY
ANTONY
LE BOURGET
THIAIS
RUNGIS
FRESNES
DRANCY
LE PLESSIS-PIQUET
VILLEMOMBLE
BONDY
GENNEVILLIERS
ROMAINVILLE
BOURG-LA-REINE
LA COURNEUVE
BOBIGNY
SCEAUX
BONNEUIL-SUR-MARNE
L'HAŸ
LES LILAS
ROSNY-SOUS-BOIS
NOISY-LE-SEC

Sous presse :

CHATENAY
BAGNEUX
AUBERVILLIERS
L'ILE-SAINT-DENIS

En préparation :

CHATILLON
CHEVILLY
PANTIN
FONTENAY-AUX-ROSES

RÉPUBLIQUE FRANÇAISE
Liberté — Égalité — Fraternité

DÉPARTEMENT DE LA SEINE

DIRECTION DES AFFAIRES DÉPARTEMENTALES

ÉTAT DES COMMUNES

A LA FIN DU XIXe SIÈCLE

publié sous les auspices du Conseil Général

NOISY-LE-SEC

NOTICE HISTORIQUE
ET
RENSEIGNEMENTS ADMINISTRATIFS

MONTÉVRAIN
IMPRIMERIE TYPOGRAPHIQUE DE L'ÉCOLE D'ALEMBERT
1900

NOTICE HISTORIQUE

NOISY-LE-SEC[1]

Anciennement, communauté de la Généralité et de l'Élection de Paris, paroisse du doyenné de Chelles.

De 1787 à 1790, municipalité du département de Saint-Germain, arrondissement de Saint-Denis.

De 1790 à l'an IX, commune du district de Saint-Denis (supprimé en l'an III) et du canton de Pantin.

De l'an IX à 1893, commune de l'arrondissement de Saint-Denis et du canton de Pantin.

Actuellement, en vertu de la loi du 12 avril 1893, chef-lieu de canton de l'arrondissement de Saint-Denis.

1. Cinq communes de France portent le nom de Noisy, toujours accompagné d'un surnom distinctif : Noisy-le-Grand, Noisy-le-Roi et Noisy-sur-Oise au département de Seine-et-Oise, — Noisy-le-Sec et Noisy-sur-École au département de Seine-et-Marne. Il existe donc deux communes dénommées de même : Noisy-le-Sec. Le surnom n'a pour elles d'autre intérêt que de désigner une condition identique de leur territoire.

I. — FAITS HISTORIQUES

Le bourg de Noisy-le-Sec s'est constitué au pied de la haute colline en forme de promontoire, qui se détache de la montagne de Belleville perpendiculairement à elle, et, dirigée d'abord vers l'Est, s'infléchit dans la direction du Sud pour s'abaisser ensuite jusqu'au niveau de la vallée de la Marne, à Nogent-sur-Marne. C'est à l'endroit où s'effectue ce changement de direction, c'est-à-dire à l'abri de deux courants de vents, qu'est situé Noisy. Son nom, *Nucetum* en latin, signifie : localité où les noyers sont nombreux ; son surnom indique la sécheresse du sol, qu'aucun cours d'eau important n'arrose. Son origine doit être fort ancienne, mais nous ne la constatons pas avant 842. L'abbé Lebeuf, auquel il faut toujours avoir recours quand il s'agit de l'histoire des environs de Paris, a retrouvé une charte de cette année-là, aux termes de laquelle l'empereur Lothaire donna, entre autres biens, à l'abbaye de Saint-Maur, la propriété féodale de sept familles à Noisy : *In Nucido hospitia septem*, et au siècle suivant, en 992, l'évêque de Paris, Renaud de Vendôme, donna définitivement à cette même abbaye l'église du lieu, et le droit d'en nommer les curés, droit qu'elle conserva jusqu'à la fin de l'ancien régime.

Voilà donc la preuve faite qu'avant l'an mil, Noisy-le-Sec était assez peuplé pour qu'une église y eût été jugée nécessaire.

On cite ensuite une charte de 998 par laquelle le roi Robert confirma les donations que Renaud de Vendôme et son père, Bouchard, comte de Corbeil, avaient faites en faveur de l'abbaye de Saint-Maur dans plusieurs localités, parmi lesquelles Noisy.

A la même époque apparaît dans l'histoire le nom de Merlan, hameau de Noisy. En 1003, le roi Robert ratifia les dons faits par sa mère, Adélaïde, à l'abbaye d'Argenteuil : *Merlant villa* est du nombre. L'abbé Lebeuf va même jusqu'à reconnaître cette localité dans le *Mons Maurilion* mentionné, dès le VIIe siècle, par le testament d'Ermentrude, et, ce qui pourrait bien lui donner raison, outre que le bien en question figure dans cet acte à côté de Bobigny, c'est que nous allons citer tout à l'heure un texte qui désigne Merlan sous le nom de Mourlan.

Plusieurs chartes du XIIe siècle font connaître que le prieuré parisien de Saint-Martin-des-Champs possédait des terres à Noisy, qui est désigné sous les noms de *Nuscium siccum*, *Nuceium minus* (pour le distinguer de *Nucidium magnum*, Noisy-le-Grand), *Noisiacum ;* ces documents n'offrent pas d'autre intérêt. Ils mentionnent aussi à la même époque, et pour le même monastère, la terre de Clacy : *Claciacum*, *Cliciacum*, *Cleici*, qui, suivant Lebeuf, était située sur le versant de la colline, à droite, en venant de Romainville. Ce nom de lieu n'existe plus aujourd'hui.

Au temps où la France était sous la domination de l'Angleterre, au mois de mai 1423, un habitant de Montrouge, nommé Étienne Hervy, ruiné par les guerres, quitta son village, y laissant sa femme « nouvelement relevée d'enfant » et, s'en allant droit devant lui, « prist son chemin à aler à Noisy-le-Sec, et en passant aperçut un molin appellé le molin à vent de Mourlans, ouquel n'avoit et n'a puis, fenestre, ne autre fermeture, et ne moulu, ne fut en estat, passé a VI ans ou environ, ou quel molin ledit Estienne entra et vit qu'il y avoit sur l'aire ou planchier plusieurs groz ferremens viels qui, ou temps passé, avoient servi audict molin et qui povoient peser environ cent cinquante livres, et valoit à argent chaque livre dudit fer deux deniers tournois ; lesquels ferremens, avec quarante livres de fer enroillié qu'il trouva en vieilles masures il prist, et vendit les quarante livres de fer trois sols tournois, et lesdiz ferremens chargea pour apporter à Paris, en entencion de les vendre pour avoir argent pour sa necessité. Et pour ce qu'il ne les povoit bonnement apporter, il les mist en garde à Monstereul-lès-le-Bois, et là fut prins, arresté et emprisonné, et le mardi ensuivant, amené prisonnier ès prisons de Thiron à Paris, par le sergent dudit lieu de Monstreul.....[1] »

Le roi d'Angleterre daigna accorder des lettres de rémission, — c'est-à-dire de grâce, — à ce pauvre voleur de vieilles ferrailles. Ne fût-ce que pour avoir transporté à Montreuil cent cinquante livres d'une marchandise qui était si dépréciée qu'on l'abandonnait, il aurait mérité son pardon ; mais, ce qui nous intéresse ici, c'est que le moulin à vent de « Mourlans » doit, sans conteste, être identifié avec le moulin à vent de Merlan.

1. A. Longnon, *Paris sous la domination anglaise* (public. de la Société de l'Histoire de Paris et de l'Ile-de-France); Paris, 1878, p. 104.

On ne saurait espérer que les annales de Noisy fournissent matière à de longs développements ; depuis longtemps, les noyers qui avaient donné son nom au pays avaient fait place à une plantation plus avantageuse, celle de la vigne, et c'est dans le calme que donne cette culture que les habitants vécurent à travers les siècles sans attirer l'attention de l'histoire. On sait seulement qu'au XVIe siècle, beaucoup d'entre eux adoptèrent la religion protestante. Un prêche leur fut accordé : Lebeuf nous apprend qu'il était encore en exercice en 1576.

Au siècle suivant, en 1663, un habitant de Noisy, Antoine Blancheteau, marchand, légua à la fabrique de la paroisse une rente de quarante et une livres douze sous six deniers, à la charge pour les marguilliers de faire dire, chaque vendredi de l'année, un récit de la Passion. Ce qu'il y a d'original dans cette fondation pieuse dont les termes sont gravés sur une dalle de pierre qu'a conservée l'église, c'est que cette rente était due, en sommes inégales, au fondateur par divers habitants du village ou de la région : Pierre Blancheteau, demeurant à Merlan, la veuve de Jean Lecomte et celle de Jean Lévêque, demeurant à Rosny. Si les débiteurs étaient peu solvables, on juge quelles difficultés créa une telle donation pour la fabrique de Noisy.

Nous avons sous les yeux le texte d'un écrit du Parlement, réglant, à la date du 13 mai 1782, l'administration de la fabrique et des biens de la Charité de Noisy-le-Sec. Bien qu'imprimé, ce document est sans doute fort rare ; il mérite qu'on s'y arrête. Ce qui concerne la fabrique n'y est pas le plus important, et il semble que les articles du règlement doivent être à peu près les mêmes que pour la plupart des paroisses : élection des marguilliers ; assemblées générales de la fabrique, tous les ans, le dimanche de la Passion ; gestion financière ; réparation de l'église ; distribution du pain bénit, tout y est prévu et réglé par le bon sens. Voici cependant quelques passages curieux :

Art. 51. — Sera enjoint à toutes personnes, de quelque qualité et condition qu'elles soient, de se comporter dans ladite église avec la révérence convenable et le respect dû à la divine majesté et à la sainteté du lieu ; leur sera fait défenses d'y causer aucun scandale et d'y mener aucuns chiens ni autres animaux capables d'occasionner du trouble et d'y faire du bruit, le tout sous les peines portées par les ordonnances.

Art. 52. — Sera également enjoint aux personnes qui ne peuvent se dispenser d'apporter leurs petits enfants à l'église, de se placer proche des portes, afin de pouvoir les sortir aussitôt qu'ils commenceront à crier, à peine d'amende.

. . . .

Art. 54. — Défenses de tenir audit Noisy-le-Sec aucunes foires ni marchés les jours de dimanches et fêtes solennelles, ni faire, lesdits jours, aucunes danses publiques, appelées fêtes baladoires, ni autres semblables; défenses pareillement faites à tous cabaretiers ou autres vendant vin, de recevoir dans leurs maisons aucuns habitants de la paroisse, lesdits jours de dimanches et fêtes pendant la grande messe, le sermon et les vêpres, et à tous bateleurs et autres de jouer et faire aucune représentation permise et licite pendant le service divin: enjoint aux officiers de justice dudit Noisy-le-Sec de tenir la main à l'exécution du présent arrêt, et de faire souvent des visites dans les cabarets et autres lieux publics de la paroisse dudit Noisy-le-Sec et des hameaux en dépendant.....

Ce qu'on nommait Charité avant la Révolution correspond à peu près à nos Bureaux de bienfaisance actuels. L'avis du Parlement réglemente minutieusement la Charité de Noisy : les assemblées y seront composées du curé, des officiers de justice, du procureur fiscal, des marguilliers, du syndic et des habitants payant une taille d'au moins douze livres.

Elles auront lieu tous les mois, sous la présidence du curé. Un receveur y sera élu pour trois ans, qui sera chargé de distribuer les secours aux pauvres. Deux habitants de la paroisse, « d'une probité reconnue », auront mission de voir et assister les pauvres, spécialement les malades, et de rendre compte de leur visite à chaque assemblée. Chaque année, à l'assemblée de janvier, douze filles de la paroisse seront désignées et chargées, chacune pendant un mois, de quêter pour les pauvres aux offices de l'église ; le produit de chaque quête sera versé, à l'instant même, dans un tronc fermé à trois serrures et dont les clefs, toutes trois différentes, seront entre les mains du curé, du procureur fiscal et du receveur de la Charité. L'assistance sera refusée à « ceux qui sont adonnés au vin ou à la débauche, aux jureurs, et généralement tous ceux qui seront notoirement de mauvaise vie et mœurs, et pareillement à ceux qui négligeraient d'envoyer leurs enfants aux écoles, et aux catéchismes et instructions ».

Au mois d'avril 1789, les habitants de Noisy-le-Sec rédigèrent, en termes un peu secs, l'état de leurs doléances, destiné à être soumis aux États généraux. En voici le texte :

CAHIER DES PLAINTES, DOLÉANCES ET REMONTRANCES DES HABITANTS COMPOSANT LE TIERS ÉTAT DE LA PAROISSE DE NOISY-LE-SEC

Article premier. — Les habitants de Noisy-le-Sec s'unissent au vœu général pour la suppression des privilèges pécuniaires.

Art. 2. — La réduction des droits de contrôle au tarif de 1693 et l'établissement de ce droit par tout le royaume.

Art. 3. — La suppression de tous les impôts sur le cultivateur et l'établissement de l'impôt territorial.

Art. 4. — L'abolition des corvées.

Art. 5. — La suppression des milices, comme nuisibles à l'agriculture et à l'industrie.

Art. 6. — Le rachat de toutes les charges réelles, autres que le cens.

Art. 7. — La suppression des droits de péage, de ceux d'échange, en dédommageant les seigneurs propriétaires.

Art. 8. — La réduction des capitaineries, la destruction des lapins.

Art. 9. — La défense d'emporter les grains hors du royaume.

Art. 10. — La suppression de tous les ordres mendiants.

Art. 11. — La meilleure répartition de tous les revenus ecclésiastiques.

Art. 12. — Une augmentation de revenus aux curés et aux vicaires.

Art. 13. — La maintenue des baux du clergé pour les titulaires nouveaux.

Art. 14. — Qu'il ne soit plus envoyé d'argent à Rome pour les annates, et que ces sommes soient employées aux réparations des presbytères, actuellement à la charge des provinces.

Art. 15. — La prolongation des baux de campagne.

Art. 16. — Des lois fixes pour les biens ruraux.

Art. 17. — Le retour périodique des États généraux, à terme fixe et déterminé.

Art. 18. — L'établissement des États provinciaux sur un plan uniforme dans tout le royame.

Art. 19. — La réforme du code civil et criminel.

Art. 20. — Que l'instruction criminelle soit publique, que les accusés aient un conseil, que la plus grande peine soit la privation de la vie, et que les supplices atroces soient abolis.

Art. 21. — La suppression des privilèges exclusifs, comme odieux et infiniment nuisibles ; permission aux habitants de Noisy et à tous ceux des paroisses voisines de Paris d'aller prendre aux fossés de Montfaucon les gadoues, absolument nécessaires à l'engrais des terres.

Art. 22. — La diminution du prix du pain.

Art. 23. — La suppression des droits d'aide.

Les habitants de Noisy se réfèrent, au surplus des doléances, à celles des paroisses voisines.

Signé: Hanotelle ; Bureau ; Blanchetbau ; Damoiselet ; Rivage ; Tripières ; Laureaux ; Durin ; Cottereau ; Nicolas [1].

1. *Archives parlementaires*, t. IV, p. 773.

Les annales de la commune au cours du XIXe siècle ne fournissent pas une abondante matière ; elles sont, tout entières. contenues dans les délibérations du Conseil municipal, qui constituent l'historique, presque au jour le jour, des événements de la vie communale ; mais, à Noisy, comme dans tant d'autres localités de la banlieue parisienne, le travail des champs fut l'événement quotidien et monotone, surtout durant la première moitié du siècle.

Le premier registre de délibérations datant de 1812 seulement, nous ne savons rien sur la période révolutionnaire. Le registre s'ouvre par une proposition du maire sur la nécessité de refaire le chemin de Merlan. L'année suivante, il est incidemment question de la rue Brémont. En 1821, on voit que la rue principale se nomme rue du Champart.

A deux reprises, l'invasion étrangère, en 1814 et en 1815, vint désoler le pays. Le 3 mai 1816, le Conseil prenait la délibération suivante :

... En raison des dommages notables que la commune a éprouvés par la présence des troupes alliées et l'occupation pendant six mois entiers de la totalité des habitations, par l'enlèvement des récoltes, la dévastation des maisons et par le passage continuel auquel les troupes se sont livrées, et enfin en raison de l'état de misère où se trouve maintenant réduite la commune de Noisy, le Conseil espère qu'il sera apporté quelque soulagement aux maux de ses habitants, soit par un dégrèvement sur les contributions, soit par tout autre moyen propre à améliorer leur sort.

Et le 27 janvier 1822, à propos d'un projet de reconstruction de l'église, le Conseil déclarait encore que la commune, exclusivement composée de cultivateurs, avait été entièrement ruinée par les deux invasions de 1814 et de 1815.

Ni la révolution de 1830, ni celle de 1848, ni le coup d'État de 1851 ne paraissent avoir eu un grand retentissement à Noisy. La population n'y fut sans doute pas indifférente, mais ces grands événements politiques n'eurent pas d'influence sur la municipalité, qui en aucun cas n'en subit le contre-coup. Les prestations de serment aux pouvoirs nouveaux s'accomplirent très simplement, sans être accompagnées de cérémonies, de réjouissances ou de déclarations officielles de dévouement, comme cela eut lieu presque partout.

Le 6 avril 1846, la commune était en fête : c'est le jour où fut posée la première pierre de la mairie. Voici en quels termes le registre de délibérations relate cette cérémonie :

L'an 1846, le sixième jour d'avril à une heure après midi, à Noisy-le-Sec, sur l'emplacement de la maison (aujourd'hui démolie), ayant porté le n° 14 de la rue du Goulet, près la place publique de cette commune,

En présence de M. Bizouard, maire, et du Conseil municipal, des membres du Bureau de bienfaisance, des officiers de la garde nationale et autres notables habitants de cette commune,

M. Louis-Antoine Blancheteau, adjoint au maire de la commune de Noisy-le-Sec, a posé la première pierre de la nouvelle mairie. Il appartenait à l'honorable citoyen qui, depuis trente-cinq ans, a fait assidûment partie du Conseil municipal et qui, pendant plus de quinze ans, a rendu d'utiles services dans les laborieuses fonctions d'adjoint au maire, de remplacer dans cette circonstance l'administrateur de l'arrondissement, M. Lucien Méchin, sous-préfet de Saint-Denis, lui-même si dévoué aux intérêts de notre commune, en ce moment empêché.

Une inscription sur cuivre, commémorative de la pose de cette première pierre, a été à l'instant renfermée dans une boîte en bois d'acajou. L'inscription est ainsi conçue :

L'AN 1846, SOUS LE RÈGNE DE LOUIS-PHILIPPE Ier ET SOUS L'ADMINISTRATION DE M. LUCIEN MÉCHIN, SOUS-PRÉFET DE L'ARRONDISSEMENT DE SAINT-DENIS ;

M. LOUIS-ANTOINE BLANCHETEAU, DOYEN DES MEMBRES DU CONSEIL MUNICIPAL DE NOISY-LE-SEC ET ADJOINT AU MAIRE DE CETTE COMMUNE, A POSÉ LA PREMIÈRE PIERRE DE CET ÉDIFICE ;

M. BIZOUARD, MAIRE DE NOISY-LE-SEC ;

M. LEQUEUX, ARCHITECTE DE L'ARRONDISSEMENT DE SAINT-DENIS ET DE LA COMMUNE DE NOISY-LE-SEC ;

MM. COCHU (CLAUDE) ET DURIN (JEAN-LOUIS-MARIE), MAITRES MAÇONS.

La boîte en bois d'acajou a été ensuite fixée par quatre attaches, puis renfermée dans une portefeuille en plomb, dont les parties ont été exactement rejointes entre elles. Le tout, ainsi hermétiquement fermé, a été déposé entre deux lits de charbon, dans une cavité de 25 centimètres de long sur 20 de large et 9 centimètres de profondeur, pratiquée en cette fin dans l'intérieur de la première pierre d'assise qui vient d'être posée sur la face à l'angle gauche du monument.

Cette cavité a été elle-même fermée par une tablette en marbre dûment scellée, et cette tablette a été à l'instant recouverte par la pierre du second rang ou deuxième assise, qui a été de suite amenée sur celle d'assise ci-dessus.

Le tout fait, comme est dit ci-dessus, en présence des autorités et notables habitants de cette commune, les jour, mois et an susdits.

Une distribution extraordinaire de pain et de viande sera faite aux indigents de cette commune.

Et ont toutes les personnes présentes signé avec MM. les maire et adjoint après lecture.

(Signatures.)

La création d'une station de chemin de fer fut l'origine de l'accroissement de population si considérable qui s'est produit à Noisy-le-Sec depuis cinquante ans. On eût dit que, jusque-là, l'horizon de la capitale était, de ce côté, limité à Romainville. Un élément nouveau vint s'ajouter à la population agricole, celui des Parisiens qui, par hygiène, par plaisir ou par économie, préfèrent habiter la banlieue, où presque tous peuvent se livrer à l'horticulture. Ce contingent s'est, en outre, augmenté, en raison de l'importance toujours croissante de la gare, d'un grand nombre d'employés du chemin de fer de l'Est.

La guerre néfaste de 1870-1871 revint, comme en 1814 et 1815, avec son cortège de ruines et de désastres. Les habitants émigrèrent tous à Paris, fuyant une situation que la proximité des forts de Noisy et de Romainville devait forcément rendre très dangereuse; c'est cependant grâce à cette position d'avant-garde que le village dut de n'être pas occupé par l'ennemi pendant la campagne. Il le fut, malheureusement, après la conclusion de la paix, du 12 mars au 20 septembre 1871, et, pendant cette période, subit des réquisitions très lourdes.

Presque au début de la guerre, le 29 octobre 1870, le patriotisme de la commune s'était manifesté par l'offre spontanée de trois de ses cloches sur les quatre que possédait l'église. Voici en quels termes se fit cette généreuse proposition, née du même élan qui avait animé tous les cœurs français en 1792 :

Au citoyen président du gouvernement de la Défense nationale.

CITOYEN PRÉSIDENT,

Le Conseil municipal de Noisy-le-Sec, le Conseil de fabrique et la garde nationale de cette commune consultée à cet effet, laquelle vient de souscrire au désir exprimé par lesdits Conseils par une adresse signée à l'unanimité et conçue dans les termes ci-après :

« Les gardes nationaux de la commune de Noisy-le-Sec partageant au plus haut degré les sentiments de patriotisme qui animent le Conseil municipal et le Conseil de fabrique de cette commune ;

« Considérant que les quatre cloches composant la sonnerie de l'église de Noisy-le-Sec ne sont point indispensables pour le service religieux, et qu'une seule peut suffire ;

« Considérant que trois de ces cloches ont été acquises avec le produit d'une souscription volontaire à laquelle ils ont tous coopéré ;

« Déclarent que ces cloches, selon le désir exprimé par le Conseil municipal et le Conseil de fabrique, seront offertes en leur nom, comme au nom desdits Conseils, au gouvernement de la Défense nationale pour la fabrication de canons. »

Le Conseil municipal et le Conseil de fabrique,

Considérant que les sentiments exprimés par les gardes nationaux sont unanimes entre tous les habitants de la commune;

En conséquence, ils prient le citoyen président du gouvernement de la Défense nationale de vouloir bien accepter trois cloches de la sonnerie de la commune de Noisy-le-Sec pour la fabrication de canons.

Salut et fraternité,

(Signatures.)

29 octobre 1870.

Le gouvernement ne crut pas devoir accepter. La réponse qu'il dut adresser à la municipalité de Noisy ne s'est pas conservée, mais nous savons par le témoignage des anciens du pays que les cloches restèrent en place, et qu'elles sont, aujourd'hui encore, les mêmes.

La prospérité de la commune lui est revenue et a été toujours en augmentant, après ces terribles jours d'épreuves. L'église restaurée, la mairie agrandie, de nombreux bâtiments scolaires élevés, la création d'un chef-lieu de canton, l'ouverture à l'exploitation d'une ligne de tramways reliant Noisy au centre de Paris en sont des témoignages manifestes dans le passé, en même temps que des gages certains d'espérances pour l'avenir.

II. — MODIFICATIONS TERRITORIALES ET ADMINISTRATIVES

Il ne semble pas que le territoire de la commune ait subi des modifications. Ses limites sont restées celles de l'ancienne paroisse, et le hameau de Merlan a conservé, tout en l'accroissant, son individualité en dehors de l'agglomération principale.

Toutefois, la loi du 5 août 1851, en attribuant à Noisy l'ensemble du fort du même nom et de ses dépendances, a légèrement augmenté la superficie du territoire au détriment de Romainville.

Au point de vue cantonal, Noisy a fait partie du canton de Pantin, de 1790 à 1893, et est à ce titre, dans le département, un exemple assez rare de stabilité. Le 12 janvier 1834, son Conseil municipal ayant été informé que la commune de Belleville réclamait pour elle la translation du chef-lieu de canton, vota unanimement le maintien de ce chef-lieu à Pantin.

Enfin, le 2 mars 1891, appelé par une circulaire préfectorale à donner son avis sur un remaniement des cantons du département, il exprima le vœu que la commune fût érigée en chef-lieu de canton, s'il en doit être créé de nouveaux, ou que, si les limites devaient être simplement remaniées, elle fût maintenue au canton de Pantin « en raison de ses communications faciles avec le chef-lieu ».

On sait que c'est la première hypothèse qui se réalisa. La loi du 12 avril 1893 a fait de Noisy-le-Sec un chef-lieu de canton auquel appartiennent, en outre, les communes de Bobigny, Bondy, Drancy, Le Bourget, Romainville, Rosny-sous-Bois et Villemomble.

III. — ANNALES ADMINISTRATIVES. — LISTE DES MAIRES

Budget. — Le plus ancien registre de délibérations conservé à la mairie date, nous l'avons dit, de 1812. Il nous paraît intéressant de reproduire le tableau du budget pour 1813, qui s'y trouve:

Les recettes se composent exclusivement des centimes communaux. 701 fr.

Dépenses :

Entretien des compagnies de réserve	5,83
Abonnement au Bulletin des Lois	6 »
Registres de l'État-civil	75 »
Frais de mairie	120 »
Afficheur et tambour	40 »
Logement de l'instituteur et de l'institutrice	100 »
Prestation de serment du garde-champêtre et acquisition d'une plaque	26,50
Entretien des chemins et rues, sauf la dépense à faire actuellement sur le chemin de Noisy à Villemomble jusqu'au hameau de Merlan, et relativement auquel chemin il a été délibéré, le 11 avril dernier	60 »
Entretien de l'horloge	50 »
Supplément de traitement du desservant	50 »
Logement du desservant	50 »
Total	683,33

Enseignement. — Dans sa séance du 6 août 1833, le Conseil eut à délibérer, conformément à la loi du 25 juin précédent, sur la situation de l'enseignement dans la commune. Il décida : 1° d'ajourner la construction de toute maison d'école, en raison de l'état du budget municipal ; 2° il maintint le traitement fixe de l'instituteur à 300 francs par an ; 3° il fixa la rétribution scolaire à un franc vingt-cinq centimes par élève et par mois, et termina en regrettant que la loi ne fasse aucune mention des institutrices, et en signalant les mérites de Mme Trouet, directrice d'une école fréquentée par un très grand nombre de jeunes filles.

Le mardi, 6 novembre suivant, nouvelle délibération motivée par le mécontentement général des familles au sujet de la fixation du taux de la rétribution scolaire, et aux termes de laquelle cette rétribution fut ramenée à un franc pour les enfants qui apprennent à lire et élevée à un franc cinquante pour ceux qui apprennent à écrire et à calculer.

Le 6 février 1846, le Conseil apporta des modifications à ce taux ; les enfants de cinq ans ou au-dessous durent payer un franc par mois, ceux de cinq à dix ans, un franc cinquante ; ceux de dix à quinze, deux francs.

Le 10 mai suivant, il fixait la rétribution de l'instituteur à 350 francs, celle de l'institutrice à 200.

Le 7 février 1857, le taux de la rétribution scolaire fut élevé à deux francs par élève, à dater du 1er janvier 1858. Ce taux devait être maintenu jusqu'à la création de la gratuité.

Chemin de fer. — C'est le 22 novembre 1846 que la municipalité eut à s'occuper pour la première fois de la ligne de chemin de fer projetée entre Paris et Strasbourg. Noisy devait être la première des deux seules stations à établir dans le département. L'emplacement actuel de la gare fut agréé par l'unanimité du Conseil.

Tout projet de déplacement, réclamé par les communes voisines, fut écarté par lui, à sa séance du 6 octobre 1850. L'ouverture de la ligne à l'exploitation avait eu lieu le 10 juillet 1849.

Culte. — Dans sa séance du 19 mai 1864, le Conseil émit l'avis qu'en raison de l'accroissement de population qui se manifestait « depuis quelque temps déjà », le supplément de traitement du desservant fût supprimé à partir de 1865.

Octroi. — Au cours de la séance du 20 août 1866, le maire

exposa « que la commune de Noisy ne peut plus satisfaire à tous ses besoins avec ses ressources ordinaires et le produit des impositions autorisées par les lois spéciales pour l'instruction primaire, le salaire du garde champêtre et les chemins vicinaux ; qu'en outre des charges ordinaires, il existe des travaux extraordinaires à faire exécuter, notamment pour l'amélioration des voies publiques, et que, dans cette position, elle se trouve obligée de recourir à l'établissement d'un octroi... ».

Le Conseil décida qu'il y avait lieu d'établir un octroi pour dix années.

Le 24 août 1867, lecture lui était donnée d'une lettre du sous-préfet, l'informant que la section des finances du Conseil d'État avait demandé des instructions complémentaires. La municipalité les fournit séance tenante en exposant la nécessité d'éclairer les deux routes départementales qui traversent la commune, l'état déplorable des chemins ruraux, les besoins d'alimentation en eau potable.

Un décret du 8 janvier 1868 autorisa la création de l'octroi à dater du 1er avril suivant.

Secrétariat de la mairie. — Par délibération du 27 mai 1869, le Conseil décida de transformer en crédit fixe de 500 francs par an, à dater de 1870, l'indemnité de 100 francs, allouée jusque-là à l'employé auxiliaire de la mairie.

Éclairage au gaz. — La même année, le 21 août, l'éclairage au gaz des rues de la commune fut voté. Les frais d'établissement s'élevaient, d'après le devis de l'architecte Lequeux, à 10.902 francs.

Voirie urbaine. — Une délibération du 7 février 1846, sur les alignements des voies publiques de la commune, fournit la nomenclature suivante de ces voies, telle qu'elle était il y a un peu plus d'un demi-siècle :

Rue Frépillon ; rue de la Levée ; rue Hélène ; rue Louise ; rue de la Noseille ; rue Bethléem ; rue Châalom ; ruelle Parisis ; rue de l'Église ; rue Cottereau ; rue Saint-Pierre ; rue des Bergeries ; rue du Bordeau-Brisset ; rue de la Madeleine ; rue Sain-Jean ; rue d'Enfer ; rue Bouquet ; rue de la Forge ; rue Béthisy ; rue Damas ; rue du Fort ; grande rue de Merlan ; rue des Murets ; rue des Carouges ; ruelles de la Croix-de-Merlan, de la Noseille, du Bordeau-Brisset et impasse d'Enfer.

Il faut y ajouter la rue de Brémont, celle du Goulet et la place publique, celle que l'on nomme aujourd'hui place Jeanne-d'Arc. Ce fut longtemps la seule dont disposât la commune, celle où se tenaient ces « fêtes baladoires » que mentionne l'édit de 1782 cité plus haut (p. 11), celle que vise une délibération du 6 mai 1831, portant ouverture d'un crédit pour « niveler la place sur laquelle on danse et y planter quelques arbres pour donner de l'ombre ».

Quant à la grande place, située au Sud de la mairie, elle fut créée à la suite d'une délibération du 26 mai 1860, votant un crédit de 23.346 fr. 40 pour l'acquisition des 1.516 mètres de terrain qui la constituèrent. Le 28 novembre 1864, le Conseil arrêta le compte des travaux, qu'avait nécessités son aménagement, à 6.570 francs.

Dans la séance du 24 août 1868, fut exprimé le vœu que la route de la Forge, allant de la route nationale n° 3 à la place Jeanne-d'Arc, fût plantée d'arbres, comme l'est la route du Goulet, entre cette place et le territoire de Romainville.

Par délibération du 1er juin 1888, le boulevard de Merlan reçut le nom de boulevard de la République, et la partie de la rue de la Forge, située au delà du chemin de fer, celui d'avenue de Bondy.

Dans sa séance du 5 novembre 1888, le Conseil votait ensuite les nouvelles dénominations qui suivent :

DÉNOMINATIONS ANCIENNES	DÉNOMINATIONS NOUVELLES
Rue Parisis	Rue Tripier.
Rue des Trois-Bonnets. . . .	Rue Parmentier.
Rue du Bordeau-Brisset.	Avenue de Bobigny.
Rue de la Grande-Tour .	Rue Dombasle.
Rue d'Enfer	Rue Denfert-Rochereau.
Rue de la Noseille . . .	Rue Hoche.
Rue des Petits-Noyers . . .	Avenue Marceau.

Par décret du 14 janvier 1897, fut approuvée la délibération municipale du 27 novembre précédent, attribuant à des voies publiques de la commune les noms d'Emmanuel Arago et de Denis Papin.

Gendarmerie. — Un décret du 2 décembre 1896 a déclaré d'utilité publique l'installation de la gendarmerie à Noisy-le-Sec.

MAIRES DE NOISY-LE-SEC

COTTEREAU. Mentionné en 1805-1806 (*Annuaire du département de la Seine*, d'Allard).
DE PLACE. Mentionné en 1816.
TRIPIER, Nicolas-Baptiste. 1819-1829.
MALA, Antoine-François. 1829-1832.
DUMOUSSEAU, François-Thénard. 1832-1842.
BIZOUARD, Adolphe-Pierre. 1843-1848.
DURIN, Antoine-Jean-Baptiste. 1848-1854. Mort en fonctions.
TASSART, Henri-Denis. 1854-1859.
GAUTHERIN, Jacques-Honoré. 1860-1864.
MORNIEUX, François. 1865-1868.
BONNEVALLE, Charles-Abel. 1868-1887. Démissionnaire.
BUDOR, Pierre-Philippe. 1887-1888.
BONNEVALLE, Charles-Abel. 1888-1894. Démissionnaire.
LEJEUNE, Jean-Auguste. 1895-1897. Démissionnaire.
ESPAULLARD, Pierre-Beaufils-Auguste. Élu le 12 juillet 1897.
DAMOISELET, Adrien. Élu le 25 novembre 1897. Réélu le 19 mai 1900.

IV.— MONUMENTS ET ÉDIFICES PUBLICS

Mairie. — Jusqu'en 1820, la mairie n'eut pas d'autre siège que le domicile même des maires. Pour la première fois, en 1820, apparaît au budget des dépenses cet article : « Location de la mairie, 60 francs ». Il en était encore ainsi douze ans plus tard, car, à la séance du 8 juillet 1832, le maire fit remarquer que ce local, consistant en une ancienne écurie, louée à raison de 60 francs par an à M. Tripier, était fort humide et exposait les archives communales à une rapide détérioration. Il proposait la construction sur la place publique, dite de Saint-Étienne, d'un hôtel de mairie dont le devis, dressé par Lequeux, s'élevait à 12.722 fr. 72.

L'administration supérieure se refusa à disposer du territoire de cette place, considérée comme annexe de la route départementale.

Le 4 décembre 1833, la municipalité fit acquisition, pour servir de mairie, de la maison du sieur Jeoffroy, sise à l'Est de la place publique. L'acte fut passé dans l'étude de Me Bizouard, notaire à Noisy-le-Sec ; le Conseil municipal en donna confirmation par délibération du 26 janvier 1834.

Neuf ans après, le bâtiment fut jugé insuffisant « en raison de la population de la commune qui prend chaque jour un nouvel accroissement ».

Le 10 mai 1844, puis le 10 août suivant, était décidée l'acquisition du bâtiment actuel, appartenant à M. Blancheteau, et dont le prix était de 65.000 francs, y compris tous les frais de transformation. Une ordonnance royale du 23 juin 1845 autorisa « l'aliénation du bâtiment sur la place publique de Noisy, précédemment à usage de mairie ».

Cet édifice, inauguré en 1846, a été, en 1879, augmenté d'un corps de bâtiment ouvrant sur la grande place, où se trouvent le cabinet du maire et la salle des fêtes.

Église. — A la séance du 1er mai 1818, le maire présenta au Conseil un projet de transfert dans un local, offert gratuitement par M. Tripier, de tous les objets nécessaires à l'exercice du culte, pour y installer une chapelle provisoire, « l'église menaçant de tomber en ruines ». La dépense fut votée sur les centimes communaux sans destination fixe. Elle s'éleva (séance du 29 mai 1819) à 732 francs pour la maçonnerie et la couverture, à 175 fr. 35 pour la charpente. Le même jour, le Conseil chargea le maire d'exprimer au Préfet l'impuissance absolue où était la commune de reconstruire, de réparer même, l'église ou d'y contribuer par un surcroît d'impositions.

L'édifice fut, en effet, reconstruit en totalité. De celui qui le précédait, on a eu soin de conserver la dalle de fondation dont il a été question plus haut. D'importantes réparations y furent faites, d'abord en 1862 (16.853 fr. 80), puis après la guerre de 1870-1871.

Cimetière. — Il fut ouvert en 1829, ainsi que nous l'apprend une délibération municipale de cet année-là, ayant trait à sa clôture.

L'ancien cimetière était, suivant la tradition, aux abords de l'église.

Presbytère. — Une délibération du 26 juillet 1842 fait connaître qu'il y a lieu de s'occuper du logement du nouveau curé, la maison servant de presbytère ayant été vendue ; mais, « les loyers étant en ce moment d'une cherté extraordinaire », le Conseil préféra voter un crédit de 350 francs comme indemnité de logement. Le 10 novembre 1843, il délibérait à nouveau sur la nécessité d'avoir un presbytère. Ce n'est, cependant, que le 26 mai 1850 que fut votée l'acquisition de la maison sise rue de l'Église, n° 5, provenant de la sucession Brochet, à condition que le prix n'excéderait pas 12.000 francs. La question fut reprise à la séance du 13 juin 1852, et résolue en présence d'un devis total qui atteignait, y compris les travaux d'aménagement, 13.500 francs.

Fontaine Jeanne-d'Arc. — La création de cette fontaine, qui doit son nom au buste médiocre de Jeanne d'Arc dont elle est ornée, date de 1848 ; c'est Mulot, l'ingénieur célèbre par le forage du puits artésien, dit de Grenelle, à Paris, qui s'en chargea au prix de 1.500 francs.

Salle d'asile. — Elle a été construite en 1867-1868. Le compte des travaux fut arrêté, le 27 mai 1869, à 42.808 fr. 20.

Croix. — Le territoire de Noisy contenait naguère de nombreuses croix, telle la croix de Brémont qui avait été restaurée en vertu d'une délibération du 27 mai 1862. Elles ont été détruites, il y a une dizaine d'années, par ordre de la municipalité d'alors. On a maintenu, toutefois, une sorte de mausolée abritant une statue de la Vierge, fondation pieuse de la famille Blancheteau, qui s'élève à l'angle de la route 17 et du chemin de grande communication n° 40.

BIBLIOGRAPHIE

L'ABBÉ LEBEUF, *Histoire du diocèse de Paris*, t. II, pp. 639-643 de l'édition de 1883.

FERNAND BOURNON.

RENSEIGNEMENTS

ADMINISTRATIFS

I. — TOPOGRAPHIE, DÉMOGRAPHIE ET FINANCES

§ I. — TERRITOIRE ET DOMAINE

A. — TERRITOIRE

Nom. — Noisy-le-Sec.

Dénomination des habitants. — On dit quelquefois « Noiséens ».

Armoiries. — Néant.

Limites du territoire. — La commune de Noisy-le-Sec, située au Nord-Est du département, est bornée :

Au Nord, par Bobigny;

A l'Est, par Bondy et Rosny-sous-Bois;

Au Sud, par Montreuil;

A l'Ouest, par Romainville.

Quartiers, hameaux, écarts. — Le seul écart à signaler est le « Petit-Noisy », situé au Nord de la commune, à la limite de Bondy.

A l'Est, du côté de Rosny, « Merlan » a constitué un hameau d'une certaine importance. Aujourd'hui, il n'y a plus solution de continuité entre Merlan et Noisy qui, devenant chaque jour l'un et l'autre plus importants, ont cessé d'être distincts et ne forment plus qu'une seule agglomération.

Un peu au-dessus de Merlan, au Sud-Est, on remarque une habitation d'apparence bourgeoise, dite « château de Londeau ». La construction qui s'élève en ce lieu n'a d'un château que le nom. Le seul titre qu'elle ait à une mention dans ce travail c'est d'avoir appartenu à Tripier, l'auteur du Recueil des lois qui porte son nom, et d'avoir été habitée par lui.

Tripier a été maire de la commune en 1821.

Lieux dits. — Les Guérets, la Gare, la Madeleine, le Petit Noisy, la Justice, l'Épinette, la Plaine des Groux, le Champart, les Barbeaux, les Monteux, les Plants de Bondy, la Grande Rose, les Bas Monteux, les Contes Cornettes, les Boyers, les Hauts Monteux, le Moulin Harvy, Sous les Plâtres, les Petits Noyers, le Champ Coula, Derrière Merlan, le Moulin Fondu, le Fossé Provost, Sous le Parc, les Noseilles, les Trois Bonnets, Ferrand, le Goulet, le Cas des Chaussins, le Bâte, le Pressoir, les Cuisy, la Pierre Feuillère, Londeau, la Place Saint-Martin, le Trou Morin, la Belle Verge, la Clé, la Blanche, les Bas Guillaumes, la Levée, le Fonds d'Orval, la Fontaine, les Guillaumes, la Haute Levée, les Loges, le Faîte de l'Oranger, la Renardière.

Superficie de la commune. — La superficie actuelle du territoire est de 488 hectares, dont :

Propriétés bâties.	180 hectares
Propriétés non bâties.	308 —
Total égal. . . .	488 hectares

Arrondissement. — Saint-Denis.

Canton. — Noisy est chef-lieu de canton depuis la promulgation de la loi du 12 avril 1893. A ce titre ressortent de Noisy-le-Sec les communes de : Bobigny, Bondy, Le Bourget, Drancy, Romainville, Rosny et Villemomble.

Circonscription électorale législative. — Première circonscription de l'arrondissement de Saint-Denis. — Cette circonscription comprend les cantons de Pantin et de Noisy-le-Sec.

Sectionnement électoral. — La commune est divisée en deux sections.

Bureau de vote. — Le bureau de vote de la 1re section se trouve à la mairie.

Celui de la 2e section, à l'école de filles, boulevard Gambetta.

Circonscription de commissariat. — Commissariat de police des Lilas.

Orographie. — Points les plus élevés au-dessus du niveau de la mer : 115 mètres (aux lieux dits « les Loges » et « le Goulet », au Sud-Est de la commune, à la limite de Romainville).

Point le plus bas : 55 mètres, à la limite Nord de la commune, du côté de Bobigny, et au Nord-Est, du côté de Bondy, aux lieux dits « la Madeleine » et le « Petit-Noisy ».

Hydrographie. — Le canal de l'Ourcq traverse le territoire de la commune à son extrémité Nord-Est, sur la limite des communes de Bobigny et de Bondy, dans un parcours de 800 mètres environ.

L'aqueduc de la Dhuis traverse la commune dans sa partie Sud. On sait que cet ouvrage a été construit par la Ville de Paris en 1862, pour la dérivation des sources situées dans les vallées de la Dhuis, du Verdon, du Surmelin, etc.

L'aqueduc, qui traverse les départements de l'Aisne, de Seine-et-Marne, de Seine-et-Oise et de la Seine, a une longueur totale de 33 lieues ; les dépenses de construction se sont élevées à 16 millions.

Dans le département de la Seine, il traverse les communes de Villemomble, Rosny-sous-Bois, Noisy-le-Sec, Romainville, Montreuil et Bagnolet, pour entrer ensuite dans Paris par la porte de Ménilmontant et amener l'eau à 200 mètres de cette porte dans les réservoirs de ce nom. Ces réservoirs desservent les quartiers hauts de Montmartre, Belleville et Passy.

Sur son parcours à travers le territoire de Noisy-le-Sec, l'aqueduc est constitué par une canalisation en maçonnerie de 1^{m} 76 de hauteur sur 1^{m} 40 de largeur avec tonnelle-regard tous les 500 mètres.

B. — DOMAINE

Mairie. — La mairie est située rue du Goulet, n° 10. Sans caractère architectural bien défini, elle présente trois étages. Au rez-de-chaussée, la façade est ajourée d'une porte au-dessus de laquelle on lit l'inscription *Mairie* et de deux fenêtres. Chaque étage est ajouré de cinq fenêtres rectangulaires surmontées de corniches. L'édifice est couronné d'une corniche au-dessus de laquelle s'élève un beffroi sur plan carré renfermant un étage aveugle, surmonté d'un grand œil-de-bœuf avec cadran d'horloge se répétant sur chaque face.

Un toit pyramidal terminé par un lanternon surmonte ce beffroi qui est orné d'une corniche reposant sur des consoles.

Le rez-de-chaussée comprend : à gauche, la loge du concierge; à droite : les bureaux de l'état civil, le cabinet du maire et celui des adjoints, la salle du conseil et une salle de réunions.

Au premier étage se trouvent, à droite, la bibliothèque communale qui occupe deux salles et un cabinet; à gauche, la salle des mariages et la salle des fêtes.

Au deuxième étage sont les logements du secrétaire de la mairie et de l'appariteur.

Une partie du matériel d'incendie de la commune, c'est-à-dire deux pompes foulantes, un dévidoir et un chariot, est remisée dans un bâtiment contigu à la mairie et dans lequel habite le garde champêtre.

Le monument a été construit en 1846, ainsi que l'indique une inscription gravée en chiffres romains au-dessus de la porte d'entrée.

L'architecte en fut M. Lequeux.

Elle occupe une superficie de 11 ares 75 centiares, non compris la place sur laquelle elle s'élève. La superficie de cette dernière, qui a été agrandie, en 1892, par la réunion d'une partie du jardin de l'ancien presbytère et par l'acquisition d'un immeuble voisin qui a coûté 3.000 francs, est de 30 ares 60 centiares.

La construction de la mairie a coûté 150.000 francs.

En 1888, elle a été réparée et augmentée d'une aile en retour d'un fort bon style, dont M. Trouet, architecte, a fourni les dessins.

La dépense s'est élevée à 67.441 fr. 81.

Elle appartient à la commune.

Écoles. — Il existe à Noisy-le-Sec 4 groupes scolaires :

Une école de filles située rue Cottereau et rue de l'Église, n° 8, qui a été construite en 1845; elle occupe une superficie de 8 ares 20 centiares et a coûté 38.000 francs.

Une école de garçons, rue de Damas, n° 14, qui a été construite en 1874; elle occupe une superficie de 18 ares 56 centiares et a coûté 70.000 francs.

Une école mixte, boulevard Gambetta, n° 2, construite en 1890. Ce groupe occupe une superficie de 40 ares et a coûté 150.000 fr.

Une école maternelle, située rue de Béthisy, n° 10. Construite en 1865, elle occupe une superficie de 8 ares et a coûté 60.000 fr.

Toutes les écoles appartiennent à la commune.

Des travaux importants consistant en surélévation de l'école du boulevard Gambetta, reconstruction de celle de la rue Cottereau et agrandissement de celle de la rue de Damas viennent d'être exécutés et ont été inaugurés sous la présidence du Préfet de la Seine, le 11 mars dernier.

La dépense à laquelle ont donné lieu ces travaux s'est élevée à 122.042 fr. 61.

Église. — L'église, sous le vocable de saint Étienne, est située rue de l'Église.

Elle comprend une nef et deux bas-côtés : à celui de gauche est adossée une tour carrée à deux étages.

On pénètre dans l'intérieur du monument par un porche couronné d'un fronton.

A l'intérieur, la nef se termine par un hémicycle qui abrite l'autel; les bas côtés renferment chacun une chapelle.

Le monument a été construit en 1823 par M. Guénepin. Il occupe une superficie de 6 ares 5 centiares, a coûté 60.000 francs et appartient à la commune.

Il a été réparé en 1860 et 1861. Les travaux, faits aux frais de la commune, ont coûté 20.330 fr. 86. A cette occasion, une subvention de 9.000 francs a été allouée par le département.

Temple, synagogue. — Néant.

Presbytère. — Le presbytère est situé, depuis 1892, rue Cottereau, n° 7. Il se compose d'une maison et d'un jardin d'une contenance totale de 650 mètres environ.

Il a été acquis par la commune, en vertu d'une délibération du Conseil municipal du 12 août 1892, et aux termes d'un acte passé le 24 décembre de la même année, devant Me Pothier, notaire à Noisy-le-Sec. Cette acquisition a été réalisée, moyennant un prix total de 45.000 francs, frais compris.

Cette dépense a été couverte au moyen d'un emprunt de 40.000 francs, qui a été remboursé sur le produit des taxes spéciales d'octroi.

L'immeuble qui, jusqu'à cette époque, avait servi de presbytère et qui est situé place de la Mairie, avait été acquis par la commune en 1853 et avait coûté 28.000 francs. Depuis l'acquisition de l'immeuble de la rue Cottereau, il est affecté au poste de police, sauf une partie du jardin qui en a été distraite pour agrandir la place de la Mairie, ainsi qu'il a été dit ci-dessus.

Cimetière. — Le cimetière est situé rue Saint-Denis. Il occupe une superficie de 7.000 mètres carrés. Le terrain a été acquis par la commune au prix de 10 francs le mètre ; les travaux ont coûté 3.000 francs.

L'acquisition aurait eu lieu en 1807 ; agrandi une première fois en 1860, il l'aurait été une deuxième fois en 1884. A cette époque, la dépense s'est élevée à 10.044 fr. 64.

Un nouveau projet d'agrandissement qui aura pour résultat de doubler la superficie du cimetière est sur le point d'être réalisé ; l'opération a été déclarée d'utilité publique par décret du 22 août 1900. La dépense qui serait couverte, en partie, par l'emprunt dont il sera parlé, p. 39, est évaluée à 90.000 francs.

Il n'existe pas de caveau provisoire.

Tombes militaires. — Une tombe militaire existe dans le cimetière. Aux termes d'une délibération du 7 février 1880, la commune s'est chargée de l'entretenir.

Sur le monument on lit l'inscription suivante :

A LA MÉMOIRE
DE CINQ SOLDATS FRANÇAIS
TUÉS DEVANT L'ENNEMI.
GUERRE DE 1870-1871.

Hospice. — Néant.

Hôpital. — Néant.

Morgue. — Néant.

Crèche, Dispensaire. — Néant.

Fourneau économique. — Néant.

Théâtre. — Néant.

Abattoir. — Pas d'abattoir public, mais treize tueries particulières chez huit bouchers et cinq charcutiers de la localité.

Fontaine. — Sur la place Jeanne-Darc, près de la mairie, au milieu d'un refuge carré, s'élève un cippe circulaire en pierre, décoré, à sa base, d'un muffle de lion par lequel l'eau s'échappe. Des inscriptions rappellent que ce petit édicule a été érigé en 1849, sur les dessins de M. l'architecte Lequeux, M. Berger étant préfet de la Seine et M. Durin maire de Noisy-le-Sec.

Le cippe dont il vient d'être parlé est surmonté d'un dé limité aux quatre angles par de petits pilastres coniques et couronné par une corniche, servant de piédestal à une statue de Jeanne Darc de petites dimensions. Cette statue est en fonte de fer. Elle est signée de la princesse Marie d'Orléans [1].

Square. — En 1898, on a créé un square ouvert au public. Il occupe une surface de 2.000 mètres environ, qui ont été distraits du jardin de l'école des filles, sise boulevard Gambetta. Les travaux exécutés, à cette occasion, ont coûté 2.000 francs.

Fourrière. — Néant.

Terrains communaux. — Néant.

Fort. — Le fort, dit de Noisy-le-Sec, se trouve sur le territoire de Romainville.

Au Sud-Est de la commune, à la limite de Montreuil, au lieu dit « la Renardière », se trouve une redoute, dite redoute de Montreuil ou de la Renardière. Elle occupe une superficie de 1.000 mètres environ.

Cet ouvrage consiste en un certain nombre de talus en terre, disposés d'une manière concentrique, entourés d'une palissade destinée à en interdire l'accès. Il n'existe dans cette enceinte aucune construction ; par suite la redoute n'est pas occupée.

§ II. — DÉMOGRAPHIE

A. — POPULATION

Les dénombrements faits depuis 1801 donnent les résultats suivants :

1801	1.364 [2]
1817	1.416

1. *Tout autour de Paris,* par Alexis Martin.

2. Un siècle auparavant, en 1709, lors du dénombrement des paroisses de la Généralité de Paris, la population de Noisy-le-Sec ne comprenait que 185 feux. (*Appendice* (p. 424) *au Mémoire de la Généralité de Paris pour l'instruction du duc de Bourgogne,* publié dans la Collection des documents inédits de l'Histoire de France, par M. de Boislisle.)

1831	1.773
1836	1.876
1841	2.363
1846	1.983
1851	2.010
1856	2.156
1861	2.549
1866	2.976
1872	2.934
1876	3.170
1881	3.897
1886	4.823
1891	5.772
1896	8.105

Le chiffre de la population a presque sextuplé depuis le commencement du siècle ; depuis 1872, en particulier, il a à peu près triplé.

Enfin, il n'est pas sans intérêt de remarquer que de 1891 à 1896, date du dernier recensement, l'augmentation a été de 2.333.

Le dernier recensement a donné les résultats ci-dessous :

Population *résidente :* 8.105.

Résidents présents	7.887	8.105 habitants
— absents	165	
Population comptée à part	53	

La population *recensée comme présente*, le 29 mars 1896, est classée ainsi qu'il suit :

	ENFANTS ou célibataires	MARIÉS	VEUFS	DIVORCÉS	TOTAL
Hommes	2.392	1.323	215	2	3.932
Femmes	2.312	1.461	312	4	4.089
	4.704	2.784	527	6	8.021

Si l'on classe la population de Noisy-le-Sec au point de vue de la provenance, on obtient les résultats suivants :

37/50e d'habitants venus de divers points de la France ;

12/50e d'habitants nés à Noisy ;

1/50e d'Alsaciens et d'étrangers.

Voici, dans le tableau ci-dessous, le classement de la population de la commune par nationalité :

		HOMMES	FEMMES	TOTAL
Français	Nés de parents français	3.762	3.958	7.720
	Naturalisés	93	48	141
Étrangers	Anglais, Écossais, Irlandais	»	1	1
	Allemands	6	12	18
	Autrichiens	1	»	1
	Belges	23	36	59
	Hollandais	»	2	2
	Luxembourgeois	13	13	26
	Italiens	16	5	21
	Espagnols	2	4	6
	Suisses	15	8	23
	Russes	»	2	2
	Roumain	1	»	1
		3.932	4.089	8.021

Les départements qui fournissent, à Noisy-le-Sec, le plus fort contingent sont les suivants :

Seine (non compris Noisy)	3.008
Charente	315
Côtes-du-Nord	310
Marne	225
Haute-Loire	215
Aisne	175
Charente-Inférieure	170
Corrèze	170
Hérault	149
Côte-d'Or	127
Loire-Inférieure	126
Jura	121
Puy-de-Dôme	121
Cantal	120
Ille-et-Vilaine	115
Indre-et-Loire	111

En résumé, la population de Noisy-le-Sec, considérée au point de vue du lieu de naissance des habitants, se répartit ainsi :

Français	7.861 dont	1.954	nés dans la commune.
Étrangers	160 dont	»	nés dans la commune.
Soit un total de	8.021 dont	1.954	nés dans la commune.

Dans l'année 1899, l'état civil a enregistré :

184 naissances ;
118 décès ;
44 mariages ;
1 divorce.

B. — HABITATIONS

Nombre de maisons : 1.108.

Habitations composées	d'un rez-de-chaussée	. . . . . .	217
—	—	d'un étage	404
—	—	de deux étages	336
—	—	de trois étages	68
—	—	de quatre étages	50
—	—	de cinq étages	32
—	—	de sept étages	1
		Total	1.108

dont	1.106 occupées
et	2 vacantes
Nombre de logements : 2.771.	
dont	2.521 occupés
et	250 vacants
Ceux qui sont occupés le sont par	373 isolés.
et	2.150 familles.
Ce qui donne un total de	2.523 ménages.

On compte, à Noisy-le-Sec, 127 locaux servant d'atelier, de magasin ou de boutique.

C. — DIVERS

Électeurs inscrits en 1900 : 2.336.

Recrutement. — 53 conscrits ont tiré au sort en 1900.

Chevaux. — 383 chevaux appartenant à 242 propriétaires.

Chevaux entiers	155 dont	8	au-dessous de 6 ans
Chevaux hongres.	204 —	3	— —
Juments	24 —	2	— —
Totaux	383 dont	13	— —

Le nombre des chevaux réformés a été de 209.

Voitures. — 304 voitures appartenant à 250 propriétaires.

	234	à 2 roues, attelées de 1 cheval
	25	— — de 2 chevaux
	43	à 4 roues, attelées de 1 cheval
	2	— de 2 chevaux
Total. . .	304	

§ III. — FINANCES

A. — CONTRIBUTIONS

Principal des contributions directes en 1900 :

Contribution foncière.	21.082 »
— personnelle et mobilière	31.479 »
— des portes et fenêtres.	15.666 »
— des patentes.	15.220 09
Total.	83.447 09

Perception des contributions. — La commune dépend de la perception de Pantin. Le percepteur de cette circonscription se rend à la mairie de Noisy-le-Sec les 2e, 3e et 4e mardis de chaque mois, où il se tient à la disposition des contribuables de 10 heures à 3 heures.

B. — OCTROI

Mode de gestion. — L'octroi de Noisy-le-Sec a été établi par décret du 8 janvier 1868.

Il est régi par la perception des contributions indirectes.

Bureaux. — Les bureaux de perception sont ouverts tous les jours de 8 heures du matin à 6 heures du soir.

Ces bureaux, au nombre de trois, sont situés : route de Villemomble, rue de la Gare et rue de Pantin. Un bureau mixte avec Romainville est situé rue du Goulet. Pour ce bureau, la commune de Noisy-le-Sec paye à Romainville une somme de 300 francs par an.

Produit des taxes. — En 1899, les taxes principales ont produit 72.026 fr. 53.

Les taxes additionnelles ont été supprimées lors de la revision et de la prorogation des taxes principales qui a été approuvée par décret du 29 décembre 1897, avec effet du 1er janvier suivant.

Ces taxes additionnelles avaient produit en 1897 : 13.965 fr. 62. (Voir, aux annexes, le tarif en vigueur depuis le 1er janvier 1898.)

C. — FINANCES COMMUNALES

Recettes ordinaires d'après le compte de 1899.	191.681,99
— extraordinaires — — .	257.970,59
Total	449.652,58 [1]

Dépenses ordinaires d'après le compte de 1899.	186.804,25 [2]
— extraordinaires — — .	152.061,97 [2]
Total . . .	338.866,22 [3]

Voici la répartition des dépenses ordinaires entre les principaux services :

1° Administration et police	56.241,23
2° Voirie	79.359,89
3° Bienfaisance	11.537,07
4° Enseignement	33.682,84
5° Dépenses diverses	5.983,22

Emprunts. — Un arrêté préfectoral du 20 avril 1899 a autorisé la commune à contracter, avec le Crédit foncier de France, un emprunt de 293.609 fr. 86, remboursable en trente années à partir du 1er janvier 1900. Cette somme a été affectée : 1° A rembourser la dernière annuité d'un emprunt de 70.000 francs qui avait été contracté en 1892 à la Caisse des dépôts et consignations ; 2° A

1. Ces recettes constituent les ressources normales de la commune, défalcation faite : 1° D'une somme de 127.787 fr. 51, représentant une subvention du département pour travaux ; 2° De 78.609 fr. 86, provenant d'un emprunt de 293.609 fr. 86 fait au Crédit foncier et dont il va être parlé.

2. Non compris les restes à payer devant figurer au compte administratif de l'année suivante.

3. Ce total représente les dépenses normales de la commune, défalcation faite de la somme de 78.266 fr. 25 qui représente, à très peu de chose près, la subvention du département dont il a été fait emploi pour travaux aux écoles.

divers travaux, notamment ceux des écoles et du cimetière dont il a été parlé p. 32. La commune paye un intérêt de 3 fr. 65 °/o.

Secours. — Depuis 1890, la commune a reçu, à titre de secours, les sommes ci-dessous pour les causes ci-après :

Année 1890. — Travaux exécutés à la mairie : 4.353 fr. 25.

Année 1892. — Ouverture d'une voie d'accès au marché et prolongement du boulevard Gambetta : 20.746 fr. 50.

Année 1894. — Acquisition d'un presbytère et agrandissement de la place de la Mairie : 12.432 fr. 74.

Année 1898. — Travaux aux écoles, viabilité, agrandissement du cimetière : 128.480 francs.

Année 1900. — Prolongement du chemin de grande communication n° 41 ; 2e partie : 20.000 francs

Dépenses extraordinaires à l'occasion de l'Exposition : 840 fr.

Valeur du centime en 1900. — 865 fr. 58.

Nombre de centimes. — 73,9, dont 20 centimes extraordinaires, non compris les 3 centimes pour frais de perception des impositions communales.

Charges par habitant. — 22 fr. 18.

Receveur municipal.— Depuis le 1er janvier 1891, il existe, dans la commune, une recette municipale spéciale.

Le titulaire reçoit un traitement de 3.000 francs. En outre, une indemnité de logement de 300 francs lui est allouée et un forfait de 100 francs pour ses frais.

Enfin, au budget de 1899, a figuré pour la première fois, sous la rubrique « Pensions de retraite », une somme de 145 francs. Elle est destinée à constituer une retraite à ce fonctionnaire. C'est par décision du 11 juillet 1894 que le Conseil municipal a décidé qu'une subvention, égale au 20e du traitement (y compris le 10e en sus) du receveur municipal, serait inscrite, chaque année, au budget à partir de 1894 et que le montant en serait versé à la Caisse des retraites pour la vieillesse, à capital aliéné. Les versements sont effectués au nom du titulaire de cet emploi ; la date de jouissance de la retraite est fixée à 50 ans. La délibération susvisée spécifie que la subvention suivra les augmentations de traitement.

Cette décision ne s'applique qu'au receveur municipal.

II. — SERVICES PUBLICS

§ I. — BIENFAISANCE

Bureau de bienfaisance. — Le Bureau de bienfaisance secourt cinquante familles environ pendant toute l'année. A la saison d'hiver, le nombre des familles secourues s'élève à 100.

L'importance des secours distribués à ces familles varie suivant leurs charges. C'est ainsi qu'on donne des bons de pain de 4, 6 et 8 kilogrammes par semaine;

Des bons de viande d'une valeur de 1 fr. 25, 1 fr. 50 et 2 francs par semaine.

En hiver, on alloue, en outre, 50 kilogrammes de charbon par mois à toutes les personnes inscrites.

Les malades reçoivent parfois aussi du sucre et du café.

De rares sommes d'argent sont distribuées sous forme de secours de loyer. Ce sont des sommes de 10 francs, 15 francs et 20 francs. Le crédit total annuel pour ces derniers secours est de 300 francs environ. Au compte de 1899, la dépense constatée de ce chef s'élève à 140 francs

Le Bureau donne, enfin, des vêtements, du linge, des chaussures. On verra, au compte de 1899 ci-dessous, les sommes consacrées à chacune de ces distributions.

En ce qui concerne l'assistance médicale, trois médecins sont attachés au Bureau de bienfaisance ainsi que deux sages-femmes.

Les premiers reçoivent 1 franc par visite de jour et 5 francs par visite de nuit.

La dépense a été, en 1899, de 749 fr. 68.

Une indemnité de 12 francs par accouchement est allouée aux sages-femmes. Elles ont reçu, en 1899, une somme de 300 francs.

Le Bureau de bienfaisance délivre gratuitement les médicaments prescrits aux malades. Dans ce but, les ordonnances, visées par la mairie, sont exécutées par les pharmaciens de Noisy-le-Sec, qui en recouvrent le montant au moyen de mémoires trimestriels sur lesquels ils consentent à la commune un rabais de 25 %.

La dépense en médicaments a été, pour 1899, de 2.299 fr. 39.

Voici, au surplus, le budget de cet établissement pour 1899 :

RECETTES

Location d'immeubles	563 »
Rentes sur l'État	2.693 »
Legs Godard-Desmarets	21 »
Intérêts de fonds placés au Trésor	131 31
Concessions dans le cimetière	1.893 80
Produit du droit des pauvres sur les bals et spectacles	1.138 25
Subvention de la commune	5.000 »
Dons, souscriptions, quêtes à domicile et autres	653 25
Excédent des recettes ordinaires de l'exercice précédent	4.764 46
Total	16.858 07

DÉPENSES

Honoraires des médecins et pharmaciens	749 68
Traitement du receveur-trésorier	367 40
— de l'employé chargé du service	350 »
— des sages-femmes pour frais d'accouchements	300 »
Frais de bureau et timbres de comptabilité	25 90
Distributions de viande	2.862 50
— de pain	2.481 73
— de denrées alimentaires	56 10
— de linge, habillement	79 »
— de combustibles	502 02
Achat de médicaments et bandages	2.299 39
Secours en argent	140 »
Total	10.213 72

La subvention de la commune a été portée à 5.000 francs depuis le 1er avril 1897, date de l'organisation d'un service médical gratuit dont il sera parlé sous la rubrique « Dispensaire ».

Les fonctions de receveur-trésorier sont remplies par le receveur municipal qui a reçu, à cet effet, en 1899, une somme de 367 fr. 40.

On vient de voir que, parmi les recettes du Bureau de bienfaisance, figurent les produits de locations d'immeubles et de rentes sur l'État.

Ces immeubles appartiennent à cet établissement depuis un temps immémorial et forment 15 parcelles de terres, dont quelques-unes sont situées sur le territoire de Bondy et sur celui de Rosny. Le bail en cours résulte d'un procès-verbal d'adjudication du 18 octobre 1896. Il a été consenti pour 9 ans, à dater du 11 novembre 1896, moyennant une somme totale de 563 francs pour les 6 lots que forment ces propriétés.

En ce qui concerne les rentes sur l'État, elles proviennent d'excédents de recettes capitalisés et de quelques legs dont il est inutile de donner le détail.

Hospice. — Néant.

Hôpital. — Néant.

Traitement des malades dans les hôpitaux de Paris. — Les malades de la commune sont envoyés en traitement dans les hôpitaux de Paris.

Conformément aux délibérations du Conseil général, du 3 avril 1890, et du Conseil municipal de Paris, du 25 mai de la même année, la commune paye, pour le traitement de ses malades dans les hôpitaux de Paris, un abonnement (délibération du 21 juin 1890) basé sur le nombre moyen de journées de traitement des trois années précédentes et calculé à raison de 1 franc par jour et par malade.

Le nombre de journées ayant servi de base au recouvrement a été, en 1899, de 2.800, soit une somme de 2.800 francs.

Ces malades sont soignés à l'hôpital Tenon. Le transport se fait au moyen d'une voiture d'ambulances, du modèle de celles en usage à Paris, et qui appartient à la commune.

On paye une somme de 7 francs par transport de jour ou de nuit à un entrepreneur qui fournit le cheval.

Dépense de ce chef, en 1899 : 191 francs.

Assistance à domicile. — En vertu de délibérations, en date des 18 décembre 1895 et 26 avril 1896, le Conseil général fait inscrire annuellement, au budget départemental, une somme de 50.000 fr. dans le but de contribuer aux dépenses faites par les communes pour l'assistance à domicile des vieillards indigents, infirmes ou incurables.

Le montant de la contribution départementale est déterminé par l'administration et correspond au tiers de l'allocation municipale qui, d'ailleurs, est facultative.

Les vieillards ainsi secourus doivent remplir les conditions suivantes : avoir 65 ans d'âge et un séjour de dix ans à Paris ou dans une commune du département.

Aucune condition d'âge n'est exigée des indigents infirmes et incurables.

Depuis cette époque, le Conseil municipal de Noisy-le-Sec n'a pris aucune disposition à cet égard.

Aliénés. — Vingt-trois aliénés, ayant à Noisy-le-Sec leur domicile de secours, ont été placés en 1899 dans divers asiles et ont occasionné une dépense de 11.590 fr. 85 dont il convient de défalquer une somme de 1.539 fr. 50 qui a été recouvrée sur les familles ; il reste donc à la charge du département et de la commune, une somme de 10.051 fr. 35.

Les proportions, dans lesquelles les communes du département doivent contribuer aux dépenses relatives aux aliénés, ont été fixées, par délibération du Conseil général, à 20, 25, 30, 35 et 40 °/₀ sur la dépense totale, suivant le revenu de la commune. Or, Noisy-le-Sec, devant contribuer pour 40 °/₀, a dû payer de ce chef en 1899 :

$$\frac{10.051,35 \times 40}{100} = 4.020,54$$

Enfants assistés et moralement abandonnés. — L'article 25 de la loi du 24 juillet 1889, sur la protection des enfants maltraités ou moralement abandonnés, dispose que « dans les départements où le Conseil général se sera engagé à assimiler, pour la dépense, les enfants faisant l'objet des deux titres de la présente loi aux enfants assistés, la subvention de l'État sera portée au cinquième des dépenses tant extérieures qu'intérieures des deux services, et le contingent des communes constituera pour celles-ci une dépense obligatoire, conformément à l'article 136 de la loi du 5 avril 1884 ».

Suivant délibération du 16 décembre 1889, le Conseil général de la Seine, dans le but de bénéficier des dispositions de l'article précité, ayant assimilé pour la dépense, à partir du 1er janvier 1890, les enfants maltraités ou moralement abandonnés aux enfants assistés, il en résulte que les communes n'ont à supporter qu'un seul contingent pour ces deux services.

La somme payée de ce chef, en 1899, par la commune de Noisy-le-Sec a été de 2.781 fr. 07.

Protection des enfants du premier âge. — En 1899, les déclarations faites par les parents, conformément à l'article 7 de la loi du 23 décembre 1874, se résument ainsi qu'il suit :

	AU SEIN	AU BIBERON	TOTAL
Nombre d'enfants de Noisy-le-Sec mis en nourrice dans le département de la Seine (hors Paris). . . .	1	»	1
Nombre d'enfants mis en nourrice hors du département de la Seine.	9	18	27
	10	18	28

D'autre part, il a été fait, en exécution de l'article 9 de la même loi, 29 déclarations d'élevage dont 28 relatives à des enfants nés dans le département de la Seine et 1 hors du département.

Au point de vue de la protection des nourrissons, Paris et les communes du département forment 18 circonscriptions à chacune desquelles sont attachés un médecin-inspecteur et une dame visiteuse.

Noisy-le-Sec dépend de la 12e circonscription dont le médecin-inspecteur visite les nourrices les lundi, mercredi et vendredi, de 3 à 5 heures, 16, rue de Lancry.

Crèche. — Néant.

Dispensaire. — Il n'existe pas de dispensaire dans la commune ; toutefois, nous devons signaler une pratique qui en tient lieu. A toute personne, inscrite au Bureau de bienfaisance, qui se présente à la mairie et demande des secours médicaux, on remet un bon d'une valeur d'un franc. Munie de ce bon, elle peut se rendre à la visite de l'un quelconque des médecins de la localité. Des bons sont remis aussi aux personnes non inscrites au Bureau de bienfaisance, après enquête sur leur situation de famille, à moins qu'il n'y ait urgence.

Les frais de ces consultations, de même que ceux des médicaments prescrits, sont à la charge de la commune, dans les mêmes conditions que ceux délivrés par les soins du Bureau de bienfaisance.

Le nombre des bons de visites médicales délivrés en 1899 s'est élevé à 293.

On se rappelle que c'est depuis le 1er avril 1897 que fonctionne ce service et que c'est à cette occasion que la subvention de la commune au Bureau de bienfaisance a été portée à 5.000 francs par an.

Secours aux familles des réservistes. — Des secours sont distribués aux familles des réservistes et des territoriaux pendant la durée des périodes auxquelles ils sont appelés. Ces secours sont alloués, à raison de 1 franc par jour pour la femme et de 0 fr. 50 par enfant. En 1899, 14 familles ont ainsi été secourues. La somme qui leur a été distribuée s'est élevée à 515 francs.

Bureau municipal de placement gratuit. — Depuis le 10 juillet 1895 fonctionne à la mairie un bureau municipal de placement gratuit.

En 1899, sept demandes d'emploi ont été enregistrées, dont quatre ont abouti au placement des demandeurs ; douze offres d'emploi ont été reçues, à la suite desquelles cinq personnes ont été placées.

Propagation de la vaccine. — La vaccination et la revaccination des enfants des écoles est pratiquée dans les conditions fixées par une circulaire préfectorale du 14 février 1894 ; elle a lieu aux frais du département par les soins de l'Institut de vaccine animale, rue Ballu, n° 8, à Paris.

Les jours fixés pour ces opérations sont les 2e, 3e et 4e mardis de juin.

Le nombre des unes et des autres s'élève, à peu près, chaque année, à 300, y compris les enfants des écoles.

De plus, le médecin de l'état civil vaccine tous les enfants nouveau-nés.

Une somme de 100 francs figure au budget dans ce but.

Caisse des écoles. — Conformément aux prescriptions de

l'article 15 de la loi du 10 avril 1867, il a été créé à Noisy-le-Sec, le 16 février 1881, une Caisse des écoles.

Voici la situation financière de l'œuvre au 1er juillet 1900 :

Recettes. . .	4.846,85
Dépenses	3.304,70
Soit.	1.542,15

Sur cette somme, 500 francs ont été placés à la Caisse d'épargne en juillet 1900.

Les dépenses ont été affectées, en 1899, pour partie, à l'acquisition de vêtements et chaussures qui sont distribués aux enfants appartenant à des familles nécessiteuses, et, pour partie, à l'acquisition de 32 livrets de Caisse d'épargne dont 14 à 10 francs et 18 à 5 francs, formant en tout une somme de 230 francs : ces derniers ont été donnés en prix aux élèves des écoles.

Société de secours mutuels. — La Société de secours mutuels de Noisy-le-Sec, dite de Saint-Vincent-de-Paul, a été fondée le 1er septembre 1848 et approuvée le 10 juin 1856.

A la fin de 1899, le nombre des membres honoraires était de 73 et celui des membres participants de 79.

Le nombre des pensionnaires est de 22, pour lesquels un capital de 56.369 francs est versé à la Caisse des retraites.

En outre de ce capital, l'avoir de la Société, au 1er janvier 1899, se compose d'une somme de 200 francs déposée à la Caisse d'épargne, et de 299 fr. 80 qui se trouve dans la caisse de la Société.

Voici le détail des recettes pour 1899 :

RECETTES

Cotisation des membres honoraires.	961 »
— — participants	1.848,50
Produit des amendes	258,25
Recettes diverses	609,50
Subvention communale	250 »
Total.	3.927,25
A ce chiffre, il convient d'ajouter, représentant l'encaisse au 1er janvier 1898.	299,80
Ce qui donne	4.227,05

Voici maintenant le détail des dépenses :

DÉPENSES

Honoraires des médecins	531 »
Frais de médicaments	1.254,05
Appoint aux pensionnaires	653,65
Factage et gestion	101 »
Bains et bandages	29,85
Achat de couronnes	60 »
Frais de convois	320 »
Timbres, insignes, diplômes	2,90
Total	3.336,45

Le prix des admissions dans la Société est fixé de la manière suivante :

De 18 à 20 ans	6 francs.
De 20 à 25 ans	8 —
De 25 à 30 ans	12 —
De 30 à 35 ans	15 —
De 35 à 40 ans	20 —

Le montant de la cotisation annuelle est :

Pour les membres honoraires, de	12 francs.
— — participants, de	24 —

Couronnement d'une rosière. — Par testament olographe, en date du 7 novembre 1889, M. Espaullard (François-Henry) a légué à la commune la nue propriété d'une somme de 33.000 francs dont l'usufruit appartient à Mme Ve Espaullard. Au décès de celle-ci, cette somme devra être placée en rente 3 °/₀ sur l'État français, dont le revenu sera affecté, jusqu'à concurrence de 1.000 francs, à doter une jeune fille née dans la commune et reconnue la plus méritante par l'administration municipale.

Le surplus, soit environ 130 francs, « servira à la commune pour l'entretien de notre tombe », porte le testament. A signaler également la condition contenue dans le paragraphe qui suit : « Chaque année, la rosière choisie aura la clef de la chapelle placée sur cette tombe ; elle en nettoiera l'intérieur et les objets qui s'y trouvent et y déposera une couronne de fleurs le dimanche des Rameaux et le 1er novembre. »

Par délibération du 2 mars 1891, approuvée par arrêté préfectoral du 28 mai suivant, le maire a été autorisé à accepter cette libéralité, au nom de la commune.

Jusqu'à ce jour, le produit de ce legs est resté sans emploi, à raison de l'usufruit dont il est grevé.

§ II.— ENSEIGNEMENT

École de garçons. — Cette école est située rue de Damas, 14. Elle comprend sept classes primaires élémentaires.

Pendant l'année 1898-1899, elle a été fréquentée par 403 enfants, dont 396 âgés de 6 à 13 ans au 1er janvier de l'année scolaire et 7 âgés de plus de 13 ans à la même date.

Le nombre des élèves présents à l'école le 6 décembre 1898 était de 334 et de 339 le 6 juin 1899.

Dans le courant de l'année, 110 garçons ont fréquenté une autre école.

L'école est dirigée par un directeur chargé de classe, un instituteur titulaire et par 5 instituteurs stagiaires chargés chacun d'une classe.

Écoles de filles. — Elles sont situées rue Cottereau et rue de l'Église, 8, et boulevard Gambetta. La première comprend trois classes primaires élémentaires.

Le nombre des élèves ayant fréquenté l'école, pendant l'année 1898-1899, est de 167, toutes âgées de 6 à 13 ans au 1er janvier de l'année scolaire.

Le nombre des élèves présentes à l'école le 6 décembre 1898 était de 134 et de 125 le 6 juin 1899.

Dix-huit filles ont fréquenté une autre école dans le courant de l'année.

A la tête de l'école se trouve une directrice chargée d'une classe, une institutrice titulaire et une institutrice stagiaire chargées chacune d'une classe.

Boulevard Gambetta, n° 2, se trouve une école mixte. Elle est dirigée par une directrice qui est chargée d'une classe, par deux institutrices titulaires et par trois institutrices stagiaires. Le nombre des classes est de 6, dont deux classes enfantines et 4 classes primaires élémentaires.

Pendant l'année scolaire 1898-1899, cette école a été fréquentée par 345 élèves, dont 281 filles et 64 garçons. Parmi ces derniers, 54 garçons avaient moins de 6 ans au 1er janvier de l'année scolaire, et 10 avaient, à la même date, de 6 à 13 ans.

Parmi les filles, à la date ci-dessus, 52 avaient moins de 6 ans, 229 avaient de 6 à 13 ans.

Enfin, étaient présents à l'école : le 6 décembre 1898, 275 enfants ; le 6 juin 1899, 290 enfants.

Dans le courant de l'année scolaire, dix-sept filles ont fréquenté une autre école.

Dans cette école, ainsi que dans celle de la rue de Damas, 14, ont lieu des cours du soir d'enseignement primaire pour les adultes.

École maternelle. — Il existe une école maternelle publique, rue Béthisy, n° 10. Elle est dirigée par une institutrice et deux adjointes stagiaires.

Elle comprend trois classes maternelles, fréquentées, pendant l'année scolaire 1898-1899, par 214 enfants, dont 92 garçons et 122 filles.

Parmi eux, 88 garçons et 103 filles avaient, au 1er janvier de l'année scolaire, moins de 6 ans ; à la même date, 4 garçons et 14 filles avaient de 6 à 13 ans.

Enfin, le 6 décembre 1898, 169 élèves étaient présents à l'école, et le 6 juin 1899, 197.

Enseignement du chant, du dessin et de la gymnastique.— L'enseignement du chant est donné par un professeur spécial, à qui une somme de 500 francs, par an, est payée sur le budget communal.

Le dessin et la gymnastique sont enseignés par les instituteurs dans les limites du programme.

L'enseignement agricole est donné par l'un des instituteurs qui recoit une indemnité de 300 francs.

Admissions dans les écoles primaires supérieures et professionnelles de la Ville de Paris. — Il y a eu, pour l'année scolaire 1898-1899, 6 élèves admis aux concours, et qui sont tous entrés dans les écoles de la Ville de Paris.

Dons et legs faits aux écoles.— Par acte du 15 novembre 1890, un legs de 15 francs de rente 3 % a été fait à la commune par

M. Louis Espaullard, à la charge d'en affecter le produit à la distribution de prix aux élèves des écoles communales.

La commune est entrée en jouissance le 1er octobre 1890.

Bibliothèque pédagogique. — Depuis 1893, c'est-à-dire depuis que Noisy-le-Sec a été érigé en canton, il existe une bibliothèque pédagogique. Elle est installée à l'école de garçons, rue de Damas. Le directeur de cette école remplit les fonctions de bibliothécaire qui sont gratuites. Les ouvrages qui composent la bibliothèque sont à la disposition de tout le personnel enseignant du canton.

Elle est alimentée par des subventions départementales.

C'est la commune qui fournit le local et le matériel.

Le nombre des ouvrages qu'elle contient est de 508. En 1899, 56 volumes ont été prêtés à 43 lecteurs.

Bibliothèques scolaires. — Dans chacune des écoles communales, sauf à l'école maternelle, il existe une bibliothèque scolaire.

A l'école de la rue de Damas (école de garçons), la bibliothèque contient 313 volumes ; en 1899, nous trouvons 485 volumes prêtés à 40 lecteurs.

Celle de l'école de la rue Cottereau (école de filles), 121 volumes; en 1899, 47 lecteurs ont emprunté 300 volumes.

Celle du boulevard Gambetta (école de filles), 227 volumes; en 1899, 30 lecteurs ont emprunté 238 volumes.

En 1899, une somme de 193 fr. 10 a été dépensée pour l'entretien de ces bibliothèques.

Cours d'adultes. — A l'école de la rue de Damas, n° 14, et à celle du boulevard Gambetta, n° 2, ont lieu, ainsi qu'il a été dit plus haut, des cours du soir d'enseignement primaire pour les adultes.

Au budget communal est inscrite une somme de 400 francs par an pour rétribuer les professeurs de ces cours. En outre, une somme de 85 francs figure, au même budget, pour l'achat du matériel et une somme de 200 francs pour fournitures et prix.

Ces cours, dont la création est très ancienne, ont lieu de novembre à mars de chaque année. Ils sont fréquentés par 30 élèves environ.

Patronage laïque. — Une société, dite Société municipale des patronages laïques de Noisy-le-Sec, a été fondée en 1896 et autorisée par arrêté du Préfet de police du 18 mars de la même année.

Cette Société a pour but, disent les statuts, « de préserver la jeunesse, depuis sa sortie de l'école jusqu'à l'âge de la majorité, des entraînements malsains qui l'entourent et contre lesquels, isolée, elle ne sait pas et ne peut que difficilement se défendre ».

Pour atteindre ce but, la Société organise chaque dimanche, de 2 à 6 heures, des réunions familiales, telles que conférences littéraires et scientifiques avec projections lumineuses, séances de gymnastique, escrime, tir, jeux de salon et de plein air suivant la saison, promenades, etc.

A l'occasion de la fête nationale, des récompenses sont remises aux jeunes gens ayant suivi le plus assidûment ces réunions.

La Société se compose de membres d'honneur, de membres de droit, de membres fondateurs et de membres actifs.

Les membres fondateurs versent à la Société une somme de 10 francs et une cotisation annuelle de 6 francs. Les membres actifs versent une cotisation annuelle de 6 francs. Les premiers sont au nombre de 14, les seconds, de 46.

En 1898, la Société a reçu du Ministre de l'instruction publique une subvention de 200 francs ; du Conseil général, 300 francs, et du Conseil municipal, 150 francs.

Classes de vacances. — Des classes de vacances fonctionnent pendant un mois, du 15 août au 15 septembre, dans chacun des groupes scolaires. Elles sont fréquentées par 50 garçons et 30 filles et ont donné lieu, en 1899, à une dépense de 240 francs.

Classes de garde. — Depuis le 1er janvier 1898, il a été créé des classes de garde, au nombre de 3 pour l'école de garçons, de 2 pour l'école du boulevard Gambetta et de 1 pour l'école de la rue Cottereau.

Une somme de 2.400 francs figure au budget pour ces classes, qui ont lieu tous les jours après les heures réglementaires et le jeudi toute la journée.

§ III.— VOIRIE.

Voici l'énumération et la longueur des voies de commmunication qui sillonnent le territoire de la commune :

Route nationale n° 3	2.281 mètres
2 routes départementales	5.692 —
3 chemins de grande communication	3.533 —
A reporter	11.506 mètres

Report	11.506 mètres
11 chemins vicinaux ordinaires	6.275 —
Chemins ruraux	9.670 —
Voirie urbaine	7.740 —
Total	35.191 —

Route nationale n° 3. — La route nationale *n° 3, de Paris à Metz*, a, sur la commune de Noisy-le-Sec, un parcours de 2.281 mètres environ.

Pendant ce trajet, la chaussée de cette route est mixte : elle se compose d'une bande centrale pavée de 6m50 de largeur, de deux bandes latérales empierrées de 4m40 de largeur chacune et de deux caniveaux pavés de 0m35.

Un projet de réfection de cette chaussée a été dressé par les soins du service des ponts et chaussées de la Seine. Il comporte la suppression des bandes empierrées avec réduction de la largeur de la chaussée. Cette opération, qui doit porter sur toute la partie de cette route qui s'étend entre les chemins de grande communication nos 40 et 30, a été approuvée par une décision ministérielle du 24 août 1895, mais il n'a pas encore été ouvert de crédit pour son exécution. Le montant de la dépense est évalué à 280.000 francs.

Routes départementales. — La route départementale *n° 16, de Paris à la gare du Raincy*, part de la route nationale n° 3 à Pantin et traverse les communes de Romainville, Noisy-le-Sec, Rosny et Villemomble.

Sur la commune de Noisy, elle a un parcours de 2.500 mètres environ.

Depuis la limite Ouest de la commune et jusqu'à l'entrée de Noisy, les trottoirs sont plantés et ont 4m50 de largeur.

Dans la traverse de Noisy, sur 800 mètres, les trottoirs sont très irréguliers ; leur largeur varie de 0m80 à 2m50. De la sortie de Noisy à l'extrémité Est de la commune, les trottoirs sont plantés et ont chacun 3m50.

La chaussée de cette route, composée en majeure partie de gros pavés cubiques, a donné lieu depuis 1890, en dehors des travaux d'entretien qui ont été assez importants, à divers travaux de relevé à bout, au cours desquels le nouveau pavage a été posé sur fondation de béton.

Le pavage de cette route, qui était en mauvais état sur la plus grande partie de son parcours, a donné lieu à un projet de restauration, qui a été approuvé par le Conseil général, par une délibération du 8 décembre 1897. L'ensemble du projet, dont la dépense s'élève à 200.000 francs et comporte l'établissement d'une chaussée pavée de 6 mètres de largeur, en pavés de granit avec fondation en béton, a été adjugé le 12 mai 1898 moyennant un rabais de 7 °/₀ ; la dépense, par suite, s'est trouvée ramenée à 186.500 francs.

Un crédit de 50.000 francs ayant été inscrit au budget de 1898, les travaux ont été exécutés sur une longueur de 3.545 mètres, sur lesquels 1.545 mètres environ se trouvent sur le territoire de Noisy.

La route départementale *n° 17, de Paris (porte de Romainville) à Bondy et au Raincy*, traverse la commune de Noisy sur une longueur de 3.192 mètres.

Sur les 600 mètres qui s'étendent depuis la limite de Romainville jusqu'à l'entrée de la traversée de Noisy-le-Sec, la chaussée, qui a une largeur de 6 mètres, est empierrée avec caniveaux de o m. 50; les trottoirs sont plantés.

Depuis l'origine de la traverse de Noisy-le-Sec, jusqu'à la route nationale n° 3, sur une longueur de 2.592 mètres environ, la chaussée pavée a une largeur variant de 5 mètres à 7 m. 20.

La commune de Noisy a contribué pour une somme de 6.000 francs qui a été payée en 3 annuités, à l'établissement d'une canalisation sous la route départementale n° 17.

Chemins de grande communication. — Le chemin de grande communication *n° 30, de Stains à Bonneuil-sur-Marne,* pénètre sur la commune à la limite Nord-Est du côté de Bondy, la traverse du Nord au Sud sur une longueur de 1.680 mètres et en sort, pour se continuer sur Rosny, au point où il coupe la route départementale n° 16.

Pendant ce trajet, le chemin n° 30 a une ouverture normale de 15 mètres, comprenant une chaussée empierrée, en parfait état, de 6 mètres de largeur, y compris caniveaux, et deux trottoirs plantés d'arbres d'essences diverses.

A la suite de plaintes des propriétaires riverains du ru du Moleret, relatives à l'encombrement de ce ruisseau par les sables et les vases provenant des égouts de Rosny, qui y déversaient leurs eaux, le service des ponts et chaussées a reconnu qu'il était indispensable, au point de vue de l'hygiène et de la salubrité publiques, de supprimer la contamination du ru, en prolongeant, jusqu'à Noisy, l'égout du chemin n° 30. Dans ce prolongement, d'une longueur de 1.984 mètres, l'égout suit le chemin n° 30 et va rejoindre le réseau des égouts de Noisy.

La dépense, à laquelle a donné lieu l'exécution de ce projet, s'est élevée à 129.000 francs. Les communes de Noisy-le-Sec et de Rosny ont versé un contingent 15.000 francs.

Le chemin de grande communication *n° 40, de Drancy à Choisy-le-Roi*, traverse, du Nord au Sud, le territoire de Noisy-le-Sec dans sa partie Ouest. Il prend à la limite de Bobigny, à la route nationale n° 3, près du hameau de la Folie, et aboutit un peu au-dessous de Romainville à la route départementale n° 17 qu'il emprunte sur un parcours de 250 mètres environ.

Sa longueur sur Noisy-le-Sec est de 1.833 mètres environ.

Dans ce trajet, la chaussée a une largeur de 6 mètres. Elle est empierrée à partir de la route départementale n° 16 jusqu'à la route départementale n° 17. Les trottoirs ont 4 m. 50 de largeur et sont plantés d'arbres d'essences diverses.

Chemins vicinaux ordinaires. — Le tableau ci-dessous donne la situation des chemins vicinaux ordinaires dans la commune :

NUMÉROS	DÉSIGNATION DES CHEMINS	LONGUEUR	ORIGINE	FIN	LARGEUR moyenne TOTALE	CHAUSSÉE	CHAUSSÉE NATURE	ÉTAT	OBSERVATIONS
		mètres			mèt.	mèt.			
1	DE DAMAS. . .	155	Rue Béthisy.	Chemin du Bas-de-Noisy	10	5,50	Pavée	mé-diocre	Égout sur toute la longueur.
2	DE LA LEVÉE . .	280	Rue Frépillon	Chemin de la Levée.	12	5,50	Id.	assez bon	Pas d'égout.
3	DE ROSNY. . . .	800	Route départem. n° 16.	Limite de Rosny.	10	5	Id.	id.	Néant.
4	DE MERLAN . . .	914	Gare aux marchandises.	Rond-point de Merlan	14	5,50	Id.	bon, mais en pavés de rebut	Égout entre la route départementale n° 17 et la rue Dombasle. Chemin planté.
5	DU BAS-DE-NOISY	1.077	Chemin n° 10 de la Gare.	Rue de Merlan.	10	5,50	Id.	id.	Égout jusqu'à la rencontre du chemin n° 1.
6	DE NOTRE-DAME-DES-ANGES . .	250	Rond-point de Merlan.	Chemin de grande communication n° 30.	13	5,50	Id.	mé-diocre	Plantation régulière.
7	DES PETITS-NOYERS. . . .	814	Chemin vicinal ordin. n° 1.	Rond-point de Merlan.	12	5,50	Id.	assez bon	Égout.
8	DE BOBIGNY. . .	867	Rue Saint-Denis.	Chemin de grande communication n° 40.	10	5	Pavée (561 m.) Empierrée (306 m.)	id.	Egout.
9	DE LA FONTAINE.	882	Chemin vicinal. ordin. n° 3.	La Fontaine.	8	5	Pavée	id.	Dont 102 m. en lacune.
10	DE LA GARE. . .	642	Route départ. n° 16.	Entrée de la gare aux marchandises.	»	5	Id.	mauvais	Egout entre le chemin vicinal n° 5 et la gare aux marchandises.
11	DE LA GRANDE-TOUR.	705	Route départ. n° 17.	Rue de Merlan.	14	5,50	Id.	mé-diocre	Egout sur toute la longueur.
	TOTAL . . .	7.386							

Longueur totale à entretenir par la commune de Noisy-le-Sec : 7.284 mètres, déduction faite de la partie en lacune.

Les dépenses relatives à l'entretien se sont élevées, en 1899, à 25.119 fr. 24. (Le département a alloué une subvention de 2.000 francs.)

Travaux neufs sur chemins vicinaux ordinaires	Travaux faits dans l'année et dépenses correspondantes	Construction d'égouts sous les chemins nos 5, 7, 8 et 10.
	Projets en préparation	Néant.

Chemins ruraux. — Les chemins ruraux sont au nombre de 13; leur longueur est de 9.670 mètres.

Leur entretien a coûté, en 1899, 4.362 fr. 71.

Un projet de mise en état de viabilité de deux chemins ruraux est en préparation; la dépense s'élèverait à 11.100 francs, savoir :

Projets en préparation	Mise en état de viabilité de l'avenue de Strasbourg, 1re partie . . . . . Le surplus sera exécuté ultérieurement.	8.800
	Mise en état de viabilité du chemin des Trois Bonnets	2.500

Voirie urbaine. — Les rues de la commune sont au nombre de 32. L'entretien a coûté, en 1899, 2.451 fr. 06.

La même année, on a dépensé, pour la voirie urbaine, 41.015 fr. 78.

Travaux neufs faits dans l'année	En 1898, ouverture d'un square sur l'emplacement du jardin de l'école de filles sise boulevard Gambetta. Coût.	2.000
	Égouts sous la rue de la Madeleine	18.000
	Élargissement des rues Hélène et des Carrouges	6.700
Projets en préparation	Prolongement du chemin de grande communication n° 41 jusqu'à la gare de Noisy. — Contribution de la commune (délibération du 16 avril 1898).	170.000

Par décret du 18 janvier 1894, les articles 3 et 6 du décret du 26 mars 1852, sur les rues de Paris, ont été déclarés applicables aux rues de Noisy.

On sait que l'article 3 de ce décret prescrit que tout plan d'alignement de rue devra comprendre le nivellement. En outre, tout constructeur de maison doit, avant de se mettre à l'œuvre, demander l'alignement et le nivellement de la voie publique au-devant de son terrain et s'y conformer.

Quant à l'article 6, il dispose que toute construction nouvelle, dans une rue pourvue d'égout, devra être disposée de manière à y conduire ses eaux pluviales et ménagères, que la même disposition sera prise pour toute maison ancienne, en cas de grosses réparations, et, en tout cas, avant dix ans.

Prestations. — Par suite de l'insuffisance des ressources ordinaires de la commune, applicables à l'entretien des chemins vicinaux, le Conseil municipal vote, chaque année, 3 journées de prestations dont la valeur en argent est appréciée d'après un tarif fixé par le Conseil d'arrondissement et le Conseil général.

Le rôle de l'année 1900 comporte 2.104 articles, se décomposant de la manière suivante :

6.579 journées d'homme à 2 francs.	13.158 »
1.122 journées de cheval à 2 fr. 25.	2.524 50
867 journées de voiture à 2 fr. 25	1.950 75
15 journées d'âne à 0 fr. 75.	11 25

En 1899, le nombre de journées de prestations fournies en nature représente une somme de 9 francs.

Entretien des rues et des chemins ruraux. — L'entretien des rues et des chemins ruraux a fait l'objet d'une adjudication, le 15 mars 1897, pour une durée de 6 années à partir du 1er janvier 1897 et moyennant une somme totale de 7.000 francs.

En 1899, la dépense s'est élevée, pour les chemins ruraux, à 1.921 fr. 55, et pour les rues, à 2.567 fr. 67.

Cantonniers.— En outre du traitement indiqué sous la rubrique « Personnel communal », les cantonniers des chemins vicinaux et de la voirie urbaine reçoivent une allocation spéciale qui a fait l'objet de délibérations du Conseil municipal, en date des 10 novembre 1893 et 5 avril 1894, en vue de leur constituer une pension de retraite.

Aux termes de ces délibérations, en effet, leur salaire a été augmenté de 65 francs par an, et une retenue mensuelle de 5 francs leur est faite depuis le 1er janvier 1894. Le montant de cette retenue est versé, par les soins du receveur municipal, à capital aliéné, à la Caisse nationale des retraites pour la vieillesse, au nom de chacun d'eux et par moitié avec sa femme quand le titulaire est marié.

La limite d'âge pour la liquidation des pensions a été fixée à 65 ans.

Pour les cantonniers qui avaient dépassé 60 ans au moment de l'adoption de cette mesure, le versement est effectué à la Caisse d'épargne.

Balayage et enlèvement des boues. — En vertu d'un arrêté municipal du 25 avril 1895, « tous les propriétaires ou locataires sont tenus de balayer régulièrement trois fois par semaine, le dimanche, le mardi et le vendredi, les trottoirs et la moitié de la largeur de la chaussée sur toute l'étendue de la façade de leurs maisons, boutiques, cours, jardins et autres emplacements ».

« Ils sont également tenus », en exécution du même arrêté, « toutes les fois qu'ils en sont requis, d'arracher les herbes sur les emplacements qu'ils sont assujettis de balayer. »

Le balayage doit être terminé, du 1er mai au 30 septembre, à 7 heures du matin; du 1er octobre au 30 avril, à 8 heures du matin.

L'enlèvement des boues a été donné à bail, en vertu d'un procès-verbal d'adjudication du 18 décembre 1896, pour une durée de 3 années, à compter du 1er janvier 1897.

L'adjudication a eu lieu moyennant une somme de 3.500 francs par an. Au compte de 1899, figure, de ce chef, une dépense de 4.225 fr. 65. L'enlèvement a lieu 3 fois par semaine.

Droits de stationnement.— Ces droits ont été établis par délibération du Conseil municipal du 20 juin 1894 et revisés par délibération du 19 février 1896.

Ces droits, dont le tarif se trouve aux annexes, ont produit, en 1899 : 1.051 fr. 90.

Droits de voirie. — Ces droits ont été établis en 1879.

Ils ont produit, en 1899, 3.491 fr. 55.

Ponts. — Il existe trois ponts métalliques sur le chemin de fer. Leur longueur moyenne est de 60 mètres, leur largeur moyenne de 14 mètres.

Canal. — Le canal de l'Ourcq traverse la partie Nord-Est de la commune sur une longueur d'environ 800 mètres, de l'Est à l'Ouest, parallèlement à la route nationale n° 3. Au-dessus du pont, dit de Bondy, se trouve une gare, dite « gare de Bondy » ou « gare du Canal », où les bateaux peuvent stationner la nuit.

Dans le département de la Seine, le canal de l'Ourcq se développe sur une longueur de 11.200 mètres. Sa largeur est de 5 mètres au plafond et de 10 mètres à la ligne de flottaison.

La largeur du chemin de halage, ainsi que celle du contre-halage, est en moyenne de 3 mètres.

Le chemin de halage a une chaussée empierrée de 2 mètres de largeur; le chemin de contre-halage n'est praticable que dans l'intérieur de Paris.

Les deux rives du canal sont bordées de plantations sur toute leur longueur.

Le tirant d'eau normal est de 1 m. 40.

La plupart des bateaux descendent au fil de l'eau.

La remonte se fait au moyen de chevaux.

Les bateaux sont assujettis à un type uniforme, dit « flûtes d'Ourcq », de 3 mètres de largeur maximum sur 28 mètres de longueur (règlement du 1er novembre 1840). Toutefois, quelques constructeurs en ont établi un certain nombre dont la largeur est de 3 m. 10. Ces bateaux, qui franchissent facilement les écluses, sont tolérés.

Les transports n'existent à peu près qu'à la descente ; ils se composent principalement de bois venant de la forêt de Villers-Cotterets, de matériaux de construction de la vallée de l'Ourcq et de plâtre venant des plâtrières de Noisy-le-Sec et de Romainville.

La charge moyenne de chaque bateau est de 40 à 50 tonnes.

Le canal de l'Ourcq prend toutes les eaux de la rivière de ce nom durant la plus grande partie de l'année. En temps de grandes eaux, l'excédent est déversé dans l'ancienne rivière à Mareuil où est l'origine du canal proprement dit.

Il reçoit, en outre, dans son parcours, les eaux de la Collinance, les eaux du Clignon qu'y amène une dérivation de 300 mètres environ, les eaux de la Gergogne, de la Thérouenne, de la Roche de Crégy et de la Beuvronne.

Le total des arrivages d'eau par ce canal au bassin de La Villette sont, d'après les derniers jaugeages, de 142.700 mètres cubes ou de 125.000 mètres cubes seulement en tenant compte des pertes par évaporation et infiltration.

Aucune prise d'eau n'est autorisée sur le parcours du canal.

Pour accroître l'alimentation du canal de l'Ourcq, non pas tant au point de vue du canal lui-même qu'au point de vue de la capitale et de la navigation des canaux Saint-Denis et Saint-Martin qu'il est appelé à satisfaire, la Ville de Paris a demandé et obtenu, par deux décrets du 11 avril 1866, la concession de deux prises d'eau à faire dans la Marne ; l'une, au barrage de l'Isle-les-Meldeuses dont la chute lui sert à refouler dans le canal de l'Ourcq jusqu'à concurrence de 45.000 mètres cubes d'eau par 24 heures ; l'autre, à Trilbardou, où elle obtient un résultat semblable à l'aide de la chute d'eau dont elle est propriétaire.

La Ville de Paris est propriétaire du canal dont elle a racheté la concession en 1876, moyennant 46 annuités, échelonnées de 1876 à 1922, de 540.000 francs chacune.

Ru. — Néant.

Port. — Près du pont dit de Bondy, à la limite des 3 communes de Bobigny, Bondy et Noisy-le-Sec, se trouve un port sur l'Ourcq.

Égouts. — Les eaux du territoire de la commune sont évacuées par un égout collecteur dit « de Noisy-le-Sec ». Cet égout a son écoulement sur le territoire de Bobigny, à travers la tannerie Boulland, dans le fossé de fuite du canal de l'Ourq, lequel aboutit au ru de Montfort. Il est décidé, en principe, que cet écoulement dans le ru de Montfort sera prochainement supprimé par le prolongement du collecteur de « Noisy-le-Sec » jusqu'à l'égout latéral au ru de Montfort », à Aubervilliers ou jusqu'à l'égout du cimetière parisien à Pantin.

Le collecteur de « Noisy-le-Sec » traverse les terrains de la Compagnie du chemin de fer de l'Est (atelier projeté, dépôt des machines; chemin de fer de Grande Ceinture; gare de triage, etc.), par parties en galeries (440 mètres) et par parties à découvert (203 mètres) ; il emprunte ensuite (sur 405 mètres) la rue Saint-Denis (chemin vicinal ordinaire n° 10) et la rue Denfert-Rochereau (chemin vicinal ordinaire n° 5), jusqu'à la rue de la Forge (route départementale n° 17).

En ce dernier point, il se partage en deux branches principales, respectivement dirigées vers les versants de Romainville et de Rosny-sous-Bois.

La branche qui se dirige vers Romainville suit la rue de la Forge (galerie de 345 mètres) et la rue du Goulet (canalisation de 1.132 mètres) où elle reçoit l'égout de Romainville.

La branche qui se dirige vers Rosny-sous-Bois suit la rue de la Forge (260 mètres), le boulevard Gambetta (chemin vicinal ordinaire n° 11) et l'avenue Marceau (chemin vicinal ordinaire n° 7), sur une longueur de 795 mètres, jusqu'au rond-point de Merlan.

Dans le courant de l'année 1899 et de l'année 1900, cette branche a été prolongée par le département, en suivant l'avenue Victor-Hugo (chemin vicinal ordinaire n° 6) et la rue de Rosny (chemin de grande communication n° 30), soit un prolongement de 935 mètres sur le territoire de Noisy-le-Sec; elle aboutit aujourd'hui à Rosny-sous-Bois, au ru du Moleret et reçoit, en ce point, les eaux normales des égouts de cette dernière localité.

Les galeries secondaires, affluentes des collecteurs précités, ont, sur le territoire de Noisy-le-Sec, un développement de 3.087 mètres (branchements non compris). En outre, nous signalerons, sous l'avenue de Bondy (route départementale n° 17) et la rue de Paris (route nationale n° 3), une canalisation de 900 mètres environ qui conduit les eaux au ru du Moleret par l'égout de Bondy.

Au résumé, l'ensemble des égouts existant, au 1er janvier 1899, à Noisy-le-Sec ont un développement de 7.858 mètres, se décomposant comme suit :

Galeries	5.332	mètres
Branchements des bouches	494	—
Canalisations	2.032	—

se répartissant en égouts départementaux, communaux et de la Compagnie des chemins de fer de l'Est, dont voici le détail :

Égouts départementaux	Galeries et branchements de bouches (non compris 203 mètres de rigoles).	2.610	mètres
	Canalisations	2.032	—
Égouts communaux	Galeries et branchements de bouches.	1.754	—
Égouts du chemin de fer de l'Est		1.462	—

Les égouts appartenant à la commune sont curés par les soins du service départemental des égouts. Elle paye, de ce chef, un abonnement au département sur la base de 0 fr. 60 le mètre courant, la fourniture de l'eau et le transport en décharge des détritus extraits restant à sa charge La dépense qui devrait incomber, de ce chef, à Noisy-le-Sec est de 1.052 fr. 80. Mais, le département prenant à sa charge une partie des frais de curage des égouts d'intérêt général, il en résulte que la dépense supportée par la commune est notablement réduite. C'est ainsi qu'elle a eu à payer en définitive, pour 1899, une somme de 761 fr. 24.

Ainsi qu'il a été dit plus haut, des égouts communaux ont été construits en 1899 sous les chemins vicinaux ordinaires n° 5 (rue Denfert-Rochereau), n° 7 (avenue Marceau), n° 8, avenue de Bobigny), n° 10 (rue de la Madeleine).

La longueur de ces égouts est de 500 mètres environ. La dépense s'est élevée à 43.000 francs.

Distance de Paris. — La distance de Paris (parvis Notre-Dame) à Noisy-le-Sec (mairie) est de 9.500 mètres.

Distance des communes du canton :

Romainville est à 1 kil. 500 mètres.
Bobigny est à 2 kil. 400 mètres.
Bondy est à 3 kilomètres.
Rosny-sous-Bois est à 3 kil. 300 mètres.
Villemomble est à 4 kil. 500 mètres.
Drancy est à 4 kil. 700 mètres.
Le Bourget est à 7 kil. 800 mètres.

Moyens de transport. — Noisy-le-Sec est desservi par le chemin de fer de l'Est dont il constitue l'une des gares d'embranchement les plus importantes.

La gare et les différents services qui en dépendent occupent une superficie de 74 h. 98 sur le territoire de la commune. Parmi les services qui dépendent de la gare se trouvent un dépôt de machines, une gare de triage. Enfin l'installation d'ateliers est à l'état de projet.

4 lignes de chemin de fer desservent Noisy-le-Sec ; ce sont :

La ligne de Paris à Strasbourg ; la ligne de Paris à Mulhouse ; la ligne de Gargan par Bondy et enfin la ligne de Grande Ceinture.

Ligne de Paris à Mulhouse. — 53 trains par jour en semaine et 59 les dimanches et fêtes, venant de Paris, desservent Noisy entre 5 h. 45 du matin et minuit 51.

53 trains par jour en semaine et 64 les dimanches et fêtes, se dirigeant sur Paris, desservent Noisy entre 3 heures du matin et minuit 16 le lendemain.

24 de ces trains sont des trains dits « ouvriers ».

Ligne de Paris à Strasbourg, par Meaux et Château-Thierry. — 29 trains par jour en semaine et 37 les dimanches et fêtes, venant de Paris s'arrêtent à Noisy entre 5 h. 10 du matin et minuit 40 le lendemain.

En sens inverse, 31 trains par jour en semaine et 38 les dimanches et fêtes partent de Noisy pour Paris, entre 3 h. 22 le matin et minuit 6.

9 de ces trains, dont 4 de Paris à Noisy, sont des trains dits « ouvriers ».

Ligne de Paris-Nord à Paris-Est, par Gargan, avec embranchement à Bondy (chemin de fer d'intérêt local).

17 trains par jour en semaine, dont 8, dits trains « ouvriers », et 19 les dimanches et fêtes, circulent dans le sens de Paris-Noisy.

En sens inverse, 19 trains par jour en semaine et 21 les dimanches et fêtes, entre 5 h. 24 du matin et 11 h. 38 du soir.

Ligne de Grande Ceinture.— De Paris à Noisy, 19 trains par jour, entre 5 h. 58 du matin et 12 h. 35.

De Noisy pour Paris, 17 trains par jour, entre 5 h. 24 du matin et 11 h. 37 du soir.

La durée du trajet, entre Paris et Noisy, est en moyenne de 18 à 20 minutes par les trains omnibus et de 12 à 15 minutes par les trains semi-directs.

La distance est de 9 kilomètres.

	BILLETS SIMPLES			BILLETS D'ALLER ET RETOUR		
	1re CL.	2e CL.	3e CL.	1re CL.	2e CL.	3e CL.
Prix du trajet entre Paris et Noisy-le-Sec.	1 fr. »	0 fr. 70	0 fr. 45	1 fr. 50	1 fr. 10	0 fr. 70

Prix des cartes d'abonnement :

DE PARIS A NOISY-LE-SEC								
POUR TROIS MOIS			POUR SIX MOIS			POUR UN AN		
1re cl.	2e cl.	3e cl.	1re cl.	2e cl.	3e cl.	1re cl.	2e cl.	3e cl.
96	72	48	128	96	64	192	144	96

Billets d'ouvriers. — Toutes les lignes énumérées ci-dessus qui desservent Noisy, sauf la ligne de Grande Ceinture, ont des trains recevant les ouvriers et ouvrières abonnés à la semaine. Le nombre des trains mis chaque jour à leur disposition est de 30 dans les deux directions.

Omnibus. — Parmi les lignes, dites de pénétration, dont le Conseil général de la Seine a décidé la création dans sa séance du 6 juillet 1898, et dont l'utilité publique a été déclarée par décret du 30 mars 1899, quatre desservent Noisy-le-Sec. Ce sont les lignes :

1° Noisy-le-Sec et Paris (près de la place de l'Opéra) ;
2° Noisy-le-Sec et Paris (square du Temple) ;
3° Le Raincy et Paris (place de la République) ;
4° Bondy et Paris (place Saint-Michel).

Le parcours de chacune de ces lignes est le suivant :

1° Noisy-le-Sec et Paris (près de la place de l'Opéra) ;

Cette ligne part de la rue du Quatre-Septembre, près de la place de l'Opéra, et aboutit à la gare de Noisy-le-Sec. A l'intérieur de Paris, elle emprunte la rue du Quatre-Septembre, la place de la Bourse, la rue Réaumur, la rue du Temple, la place de la République, l'avenue de la République et l'avenue Gambetta.

A l'extérieur de Paris, elle sort par la porte de Romainville et suit la route départementale n° 17, c'est-à-dire traverse les Lilas et Romainville par la rue de Paris dans chacune de ces communes, la place de la République et la rue Carnot, à Romainville, la rue du Goulet et la rue de la Forge, à Noisy-le-Sec. En somme, cette ligne englobe le tramway de Paris (place de la République à Romainville) pour former une ligne unique dont les terminus sont aux abords de la place de l'Opéra, à Paris, et à la gare, à Noisy-le-Sec.

2° La ligne de Noisy-le-Sec à Paris (square du Temple) part du square du Temple et aboutit à la place Jeanne-Darc, à Noisy-le-Sec.

Dans Paris, elle emprunte les rues Perrée, de Picardie, de Franche-Comté, de Turenne, Froissart, de Commines, Oberkampf, de Ménilmontant, Saint-Fargeau et le boulevard Mortier.

Hors Paris, après avoir franchi la porte de Ménilmontant, cette ligne suit le chemin de grande communication n° 36, qui sert de limite aux deux communes des Lilas et de Bagnolet, ou, autrement dit, les rues de Noisy-le-Sec et Floréal. Elle emprunte, ensuite, la route départementale n° 18 qui forme sur Romainville la rue de Bagnolet. Enfin, par la rue du Goulet, à Noisy-le-Sec, ou route départementale n° 17, elle aboutit à la place Jeanne-Darc, à côté de la mairie.

3° Ligne du Raincy à Paris (place de la République).

Ce tramway suit, dans Paris, la place de la République, les rues Beaurepaire, Dieu, Alibert, Claude-Vellefaux, de Meaux, Secrétan, Manin et Petit.

Il sort de Paris par la porte de Chaumont et suit les rues de La Villette et de Pantin ; au Pré-Saint-Gervais, les rues Méhul, de Montreuil et Courtois ; à Pantin, la route nationale n° 3 jusqu'au Petit-Bobigny ; là, il quitte cette voie pour suivre, à droite, la route départementale n° 16, de Paris à la gare du Raincy, dite aussi route de Noisy, et qui, par la rue de Pantin, aboutit à Noisy-le-Sec à la route départementale n° 17, place Jeanne-Darc. En suivant, à gauche, cette voie, connue sous la dénomination de rue de la Forge, il traverse Noisy, passe près de la gare, va rejoindre la route nationale n° 3, ou rue de Paris, à la limite des communes de Noisy et de Bondy. Il suit cette voie jusqu'à la route départementale n° 17, ou avenue du Raincy, par laquelle il pénètre sur le territoire de cette commune, où se trouve, avenue Thiers, son point terminus.

4° Ligne de Bondy à Paris (place Saint-Michel).

Les terminus de cette ligne sont : la place Saint-Michel, à Paris, et la station de Gargan (ligne de Bondy), à Aulnay-lès-Bondy (sur le territoire de Bondy).

Voici quel est le parcours de ce tramway dans Paris : la place Saint-Michel, les quais Saint-Michel, Montebello et de la Tournelle, le pont Sully, le boulevard Henri IV, le boulevard Morland, la rue Schomberg, la rue Mornay, le boulevard Bourdon, la place de la Bastille, la rue de la Roquette, les rues Keller, de Charonne et de Bagnolet.

Son trajet hors Paris est le suivant : sorti par la porte de Bagnolet, il suit la route départementale n° 18, puis à Bagnolet les rues de Paris, du Progrès, et à nouveau la route départementale n° 18 qui forme dans cette commune la rue de Bagnolet, puis, à droite, la route départementale n° 18, autrement dit la rue Floréal ; sur Romainville, la même route qui forme la rue de Bagnolet ;

sur Noisy-le-Sec, la route n° 17, ou rues du Goulet, de la Forge et avenue de Bondy, pour prendre à droite la route nationale n° 3, ou rue de Paris, qu'il suivra sur le territoire de Bondy jusqu'à l'extrémité Nord-Est de la commune pour prendre là l'avenue Victor-Hugo, au bout de laquelle se trouve son terminus.

Ces quatre lignes ont été concédées, suivant convention du 29 mars 1899, à la Compagnie du Tramway électrique de Romainville jusqu'au 31 décembre 1930, l'État ayant toujours le droit de racheter la concession.

Le cahier des charges, établi en vue de ces conventions, stipule notamment les clauses ci-après :

Ces lignes de tramways sont destinées au transport des voyageurs, de leurs bagages et, éventuellement, des messageries.

La traction doit avoir lieu par moteurs mécaniques, les conducteurs électriques aériens ne pouvant être établis qu'à l'extérieur de Paris.

Ces tramways ne peuvent prendre et laisser des voyageurs qu'en certains points déterminés, dont l'emplacement a été fixé par le Préfet de police, après enquête.

Le Préfet de la Seine, après s'être concerté avec le Préfet de police, pourra, après consultation préalable du Conseil général de la Seine et des Conseils municipaux intéressés, le concessionnaire entendu, prescrire la création de bureaux d'attente ou de correspondance sur les points où l'exigeront les besoins du service.

Le nombre minimun des voyages qui doivent être faits tous les jours dans chaque sens est fixé, par jour et dans chaque sens, de la manière suivante :

1° Ligne de Noisy-le-Sec à l'Opéra, 125 voyages.

50 allant jusqu'à la gare de Noisy-le-Sec ;

50 s'arrêtant à Romainville, au carrefour des routes départementales n°s 17 et 18, c'est-à-dire à l'angle des rues de Noisy et Carnot ;

25 s'arrêtant à la place Paul-de-Kock, aux Lilas.

En outre, le concessionnaire doit faire circuler 50 trains supplémentaires les dimanches et jours d'affluence, de la place de la République à Romainville.

2° Ligne de Noisy-le-Sec au square du Temple, 100 voyages.

50 de ces trains s'arrêtant au point de croisement de la route départementale n° 18 et du chemin de grande communication n° 36, à la sortie de Bagnolet.

3° Ligne du Raincy à la place de la République, 100 voyages.

30 trains iront jusqu'au terminus du Raincy ;

20 trains s'arrêteront à la place Jeanne-Darc, à Noisy-le-Sec ;

50 s'arrêteront à Pantin, au carrefour de la route nationale n° 3 et de la rue Courtois.

4° Ligne de Bondy à la place Saint-Michel, 120 voyages.

30 iront jusqu'au terminus de Bondy (Gargan) ;

30 s'arrêteront à Bondy, au point de croisement de la route nationale n° 3 et de la rue de la Croix ;

50 à la gare de Noisy-le-Sec ;

20 au croisement de la route départementale n° 17 et du chemin de grande communication n° 36, à la limite de Bagnolet.

Tarif des droits à percevoir. — Le concessionnaire est autorisé à percevoir, pendant toute la durée de la concession, les droits de péage et les prix de transport ci-après :

TABLEAU

	1re classe	2e classe
1° Par voyageur et pour le parcours total ou partiel de la section de chaque ligne comprise dans l'intérieur de Paris	o fr. 15	o fr. 10
2° Sections situées à l'extérieur de Paris		
1° LIGNE DE NOISY-LE-SEC A L'OPÉRA		
Par voyageur et pour le parcours total ou partiel des 3 sections ci-après :		
1° Des fortifications aux Lilas (place Paul-de-Kock)	o fr. 10	o fr. o5
2° Des Lilas (place Paul-de-Kock) à Romainville (carrefour des routes départementales nos 17 et 18)	o fr. 10	o fr. o5
3° De Romainville, carrefour susindiqué, à la gare de Noisy-le-Sec	o fr. 10	o fr. o5
Parcours total de la section extérieure à l'enceinte de Paris	o fr. 25	o fr. 15
2° LIGNE DE NOISY-LE-SEC AU SQUARE DU TEMPLE		
Par voyageur et pour le parcours total ou partiel de la section *extra muros*	o fr. 15	o fr. 10
Les prix, tant pour la section dans Paris que pour la section hors Paris, seront réduits à 10 centimes et à 5 centimes pour les voyageurs qui, à l'extérieur de Paris, ne franchiront pas le point de croisement de la route départementale n° 18 et du chemin de grande communication n° 36.		
3° LIGNE DU RAINCY A LA PLACE DE LA RÉPUBLIQUE		
Par voyageur et pour le parcours total ou partiel des deux sections ci-après :		
1° Des fortifications à la gare de Noisy-le-Sec (chemin de fer de l'Est)	o fr. 15	o fr. 10
2° De la gare de Noisy-le-Sec au terminus du Raincy	o fr. 15	o fr. 10
4° LIGNE DE BONDY A LA PLACE SAINT-MICHEL		
Par voyageur et pour le parcours total ou partiel des trois sections ci-après :		
1° Des fortifications à la sortie de Bagnolet (croisement de la route départementale n° 18 et du chemin de grande communication n° 36)	o fr. 10	o fr. o5
2° Des fortifications à Noisy-le-Sec (place Jeanne-Darc)	o fr. 15	o fr. 10
3° De Noisy-le-Sec (place Jeanne-Darc) au terminus de Bondy (Gargan)	o fr. 15	o fr. 10

Les enfants au-dessous de quatre ans sont transportés gratuitement, à condition d'être tenus sur les genoux.

Le transport gratuit s'applique également aux paquets et bagages peu volumineux et d'un poids inférieur à 10 kilogrammes, susceptibles d'être portés sur les genoux sans gêne pour les voisins.

Les sous-officiers et soldats en uniforme ont droit aux places de 1re classe en payant le prix de la 2e classe.

A partir de onze heures du soir, les tarifs *extra muros* sont doublés.

Si l'administration prescrit la mise en service de trains dits des théâtres, partant du terminus dans Paris, après minuit, les tarifs *intra muros* seront également doublés.

Trains ouvriers. — Le concessionnaire doit organiser, les dimanches et jours de fête légale exceptés, un service matinal à prix réduit qui comportera le nombre de trains prescrit par l'administration. Ces trains, dits ouvriers, ne contiendront que des places de 2e classe à des prix qui ne pourront excéder la moitié du tarif ordinaire de 2e classe, avec un minimum de perception de 5 centimes. Les voyageurs qui prendront ces trains auront droit à un billet qui leur permettra de reprendre, dans l'autre sens, un des trains du soir, en profitant de la bonification afférente au service matinal.

Enfin le cahier des charges contient les prescriptions suivantes en ce qui concerne les ouvriers et employés :

Un congé annuel de dix jours, sans retenue de salaire, sera accordé aux ouvriers et employés.

Le salaire intégral leur sera assuré pendant les périodes d'instruction militaire.

Les jours de maladie dûment constatée par un médecin désigné par la Caisse, instituée ainsi qu'il sera dit ci-après, seront payés dans leur intégralité pendant 90 jours et pour moitié pendant une seconde période de 90 jours.

En cas d'accident survenu dans le travail, l'ouvrier recevra les indemnités fixées par loi du 9 avril 1898.

L'administration aura toujours le droit d'imposer les mesures de sécurité et d'hygiène reconnues nécessaires.

Une commission sera délivrée, sous forme de contrat de louage, à tout employé ou ouvrier majeur des deux sexes ayant accompli vingt-quatre mois de service.

Organisation d'un service médical et d'un service d'assurance contre les accidents. — Le concessionnaire s'oblige :

A. — A fournir à tout le personnel ouvrier des livrets à la Caisse nationale des retraites, les versements étant constitués à capital aliéné au moyen de 2 °/₀ de retenue sur le salaire des ouvriers et 6 °/₀ versés à leur nom par le concessionnaire.

B. — A constituer une Caisse spéciale qui sera gérée par les ouvriers et employés eux-mêmes et recevra, sur les frais généraux, les allocations nécessaires pour assurer, en cas de maladie ou d'accidents, le service médical ou pharmaceutique gratuit dans les limites fixées par l'article 4, paragraphe 2, de la loi du 9 avril 1898.

Eaux. — La commune est alimentée en eau par la Compagnie générale des eaux qui fournit à Noisy-le-Sec de l'eau de Marne puisée à Neuilly-sur-Marne.

A cet effet, la commune a traité avec la Compagnie aux termes d'un acte en date du 3 mars 1870, approuvé le 12 juillet suivant pour une durée de 75 ans à compter de la date d'approbation.

Voici le tarif de l'abonnement pour les particuliers :

150 litres	par 24 heures,	25 francs	par an.
250	—	40	—
500	—	75	—
1.000	—	120	—
1.500	—	170	—

Et pour toutes quantités au-dessus de 1.500 litres à raison de 80 francs les 1.000 litres.

Pendant toute la durée de la concession, la commune a droit à la fourniture gratuite de 2.000 litres par jour pour le nettoyage des voies publiques et pour le service des établissements communaux.

Le nombre des bouches d'eau est de 41 et celui des bornes-fontaines de 15.

Presque toutes les rues de la commune sont pourvues de canalisation pour l'eau.

Quelques rues, cependant, ne possèdent des conduites d'eau que sur une partie de leur longueur ; ce sont les rues Dombasle, Carnot, Saint-Denis, Denfert-Rochereau, des Bergeries, de Chaalon, de Bethléem et les avenues Hoche et Marceau.

Enfin, sont totalement dépourvues de conduites d'eau, les rues du Clocher, au Petit-Noisy ; Saint-Jean, Bouquet, Saint-Pierre, Cottereau, Louis, Hélène.

La commune a payé, en 1899, pour abonnement aux eaux, une somme de 7.973 fr. 18.

Éclairage.— Il existe, à Noisy-le-Sec, une usine à gaz créée en 1869, et située rue du Centenaire et rue Denfert-Rochereau. Cette usine, qui a un réseau de canalisation de 34.500 mètres et occupe une dizaine d'ouvriers, dessert les communes d'Aulnay, Bobigny, Bondy et Noisy-le-Sec.

Cette dernière a traité avec les propriétaires de cet établissement aux termes d'un acte du 21 août 1869, approuvé le 9 mars 1872, et qui a été modifié par un nouvel acte du 26 août 1889, approuvé le 30 septembre suivant.

La durée du traité de 1869, fixée au 31 décembre 1909, a été prolongée de 15 ans, c'est-à-dire jusqu'au 31 décembre 1924.

Voici le tarif du prix du gaz tel qu'il résulte des actes ci-dessus :

Éclairage public. — 0 fr. 03 par bec de 140 litres et par heure.

Établissements communaux. — 0 fr. 20 le mètre cube.

Particuliers. — 0 fr. 35 le mètre cube. Dans le courant du mois d'août de chaque année, les concessionnaires doivent faire connaître à l'administration municipale la quantité de gaz vendu aux particuliers dans la commune, pendant les douze mois précédents. Dès que la quantité ainsi vendue aura atteint pour l'année le chiffre de 120.000 mètres cubes, le prix du gaz pour cette catégorie de consommateurs sera abaissé à 0 fr. 30. La consommation des particuliers ayant atteint le chiffre prévu dans le courant de l'année 1897, depuis le mois d'août de cette année le prix du gaz a été abaissé à 0 fr. 30.

L'installation du gaz, dans les immeubles, est faite par les soins de l'usine, au moyen des deux combinaisons suivantes, sans que les intéressés aient à participer aux frais de cette installation.

1° Installations en location à 1 fr. 75 par mois.

Elles comprennent :

1° Le branchement ; 2° un compteur de 5 becs ; 3° un fourneau et un appareil d'éclairage tout posé pour la cuisine, y compris la plomberie ; 4° une lampe de salle à manger, ou un appareil pour transformer les lampes à pétrole en lampes à gaz sans les détériorer.

Nota. — Dans les maisons, où il existe une colonne montante, le prix de location n'est que de 1 fr. 25.

2° La même installation avec compteur automatique à 0 fr. 10.

Le client, avec cet appareil, n'a ni facture de gaz à payer à la fin de chaque mois, ni location mensuelle d'appareils.

Il n'a qu'à mettre dans le compteur une ou plusieurs pièces de 0 fr. 10 suivant la quantité de gaz dont il a besoin.

Quand il ne consomme pas de gaz, il n'a aucun frais à supporter.

L'exactitude de ces compteurs est garantie comme celles des compteurs ordinaires.

En outre, les concessionnaires se sont engagés à poser gratuitement, chaque année, sur la demande du maire et dans les rues qu'il leur désignera ou sur leur propre initiative, des canalisations nouvelles sur une longueur de 300 mètres au maximum, à condition que :

1° Quand ces canalisations seront établies à la demande de la municipalité, il soit posé un appareil éclairant ordinaire par 50 mètres de canalisation.

2° Que toutes les fournitures nécessitées par cette canalisation et par cette pose soient faites par le concessionnaire aux frais de la commune.

Il existe des canalisations de gaz sous presque toutes les rues de la commune. Seules, en sont encore dépourvues dans toute leur longueur, les rues Tripier, de la Levée, des Carrouges, Chanzy et du Clocher. Il en est quelques-unes sous lesquelles cette canalisation n'occupe pas toute la longueur : ce sont les rues de Chaalon, des Bergeries, du Centenaire, Carnot et avenue Marceau.

Le nettoyage des lanternes doit avoir lieu au moins une fois par semaine.

La peinture des candélabres, consoles et lanternes, a lieu tous les deux ans avant le 31 mai.

Le nombre des appareils éclairants est de 190. L'éclairage au gaz des voies publiques a coûté 18.500 francs en 1899.

Enfin, une somme de 75 francs figure au compte de la même année sous la rubrique : Traitement des inspecteurs du gaz. Cet emploi est rempli par des préposés de l'octroi qui ont pour mission de veiller à ce que l'éclairage des voies publiques soit assuré dans les conditions fixées par le contrat.

§ IV. — JUSTICE ET POLICE

Justice de paix. — La commune de Noisy-le-Sec dépend de la justice de paix de Pantin.

Les audiences de conciliation ont lieu le mardi et les audiences publiques le vendredi, de 2 à 5 heures.

Officiers ministériels. — Il y a à Noisy-le-Sec un notaire qui exerce ses fonctions dans toute la circonscription actuelle de la justice de paix, y compris Rosny-sous-Bois et Villemomble. En effet, la loi du 12 avril 1893, qui a augmenté le nombre des circonscriptions cantonales des arrondissements de Saint-Denis et Sceaux, a détaché ces deux communes de la circonscription de la justice de paix de Vincennes pour les rattacher à celle de Pantin.

Noisy-le-Sec dépend du deuxième bureau des hypothèques de la Seine.

Commissariat et agents de police. — Noisy-le-Sec relève du commissariat des Lilas. Trois des agents de ce commissariat sont en résidence permanente à Noisy-le-Sec. Le poste de police qui leur est confié est situé, place de la Mairie, dans un local appartenant à la commune. La dépense qu'elle a eu à supporter pour ce service, en 1899, s'est élevée à 10.642 francs.

La proportion, dans laquelle chaque commune contribue aux dépenses de police, est fixée par le Préfet du département de la Seine en Conseil de préfecture, conformément aux prescriptions de l'article 3 de la loi du 10 juin 1853.

D'après l'article 3 de la loi du 30 décembre 1873, ces dépenses sont couvertes par les recettes attribuées à chaque commune sur les produits de l'octroi de banlieue.

Dès 1893, le Conseil d'arrondissement, dans sa séance du 9 novembre, a émis un vœu tendant à la création d'un commissariat de police à Noisy-le-Sec avec rattachement de Rosny, Villemomble, Bobigny et Bondy. Un projet, dans ce sens, est à l'étude. A la fin de 1898, la municipalité de Noisy-le-Sec a adressé, à toutes les communes du canton, une lettre pour les prier de faire connaître leur avis sur l'opportunité de cette création et pour les informer qu'elle était disposée à prendre à sa charge toutes les dépenses qui résulteraient de cette création. Toutes les communes ont répondu d'une manière favorable.

Gendarmerie. — Il existe, dans la commune, deux brigades de gendarmerie, casernées, la première, avenue de la République, n° 21, dans un immeuble appartenant au département ; la deuxième, rue de Chaalon, près de l'église, dans un immeuble pour lequel le département paye un loyer annuel de 2.700 francs.

C'est par décision ministérielle du 30 mai 1894 qu'une deuxième brigade a été créée à Noisy. A la suite de cette décision, le département s'est rendu acquéreur d'un terrain d'une superficie de 654 m. 16, moyennant un prix principal de 17.300 francs. La construction de la caserne a coûté 70.000 francs ; l'architecte qui en a dressé les plans est M. Albert Julien. La remise à l'autorité militaire a été effectuée le 4 novembre 1896.

Garde champêtre. — Un seul garde champêtre.

Messiers. — Six messiers dont les fonctions sont gratuites. Ils sont désignés, tous les ans, d'après un roulement établi par la municipalité.

§ V. — CULTES

Paroisse. — La paroisse de Noisy-le-Sec constitue une succursale dont le titulaire reçoit un traitement de 1.100 francs par an.

Budget de la fabrique. — Voici le budget de la fabrique d'après le compte de 1899 :

RECETTES

Produit des *rentes* avec ou sans fondations, *régulièrement acquises* depuis le 7 thermidor an XI.	108 »
Produit total de la *location* des bancs et chaises. .	2.694 25
Produit des *quêtes* pour les frais du culte.	1.593 20
Part revenant à la fabrique dans les droits perçus sur les services religieux :	
Mariages.	289 75
Convois	1.513 »
Produit des frais d'inhumation :	
Monopole ou remise des pompes funèbres. . .	7.115 40
Produit de la cire revenant à la fabrique.	1.720 75
Contribution de l'hospice au payement de l'aumônier.	916 65
Excédent de recette de l'exercice 1898	4.074 35
Total.	20.025 35

DÉPENSES

Dépenses de sacristie (pain d'autel, vin de messe, menues dépenses, éclairage), combustible. . . .	841 10
Frais d'entretien des objets et du mobilier nécessaires au service du culte.	531 50
Honoraires des prédicateurs	300 »
Gages des officiers et serviteurs de l'église :	
Chœur de chant	1.400 »
Maîtrise	175 »
Employés de l'église	2.235 »
Entretien de l'église et du presbytère.	391 55
Traitement des 2 vicaires.	4.313 30
Supplément de traitement à M. le Curé	2.600 »
Charges des fondations.	16 »
Charges des biens.	145 93
Frais d'administration : imprimés, registres, timbres.	268 30
Dixième du produit net de la location des bancs et des chaises	318 20
Total.	13.514 83

Soit un excédent de 6.510 fr. 52.

Fondations. — Néant.

Congrégations. — Les frères de la Doctrine chrétienne dirigent, rue Denfert-Rochereau, une école de garçons. Les membres de cette congrégation sont au nombre de 4.

Les sœurs de l'Intérieur de Marie dirigent, rue Carnot, n° 10, une école maternelle qui ne reçoit que des externes, et une école primaire qui reçoit des internes et des externes, n° 44, boulevard de la République.

Les membres de cette congrégation sont au nombre de 8.

Les sœurs de Sainte-Marthe et Marie, au nombre de 3, dirigent, rue de la Madeleine, n° 43, une école de filles.

Enfin, les sœurs de Notre-Dame-des-Sept-Douleurs, au nombre de 12, dirigent un hospice dit « de Saint-Antoine-de-Padoue », dont il sera parlé sous la rubrique « Établissement privé de bienfaisance ».

§ VI. — SERVICES DIVERS

Poste, télégraphe, téléphone. — Le bureau de poste et télégraphe, qui comprend en outre, depuis 1895, une cabine téléphonique, est installé rue de la Forge, n° 80.

Il est ouvert, tous les jours, depuis 7 heures du matin jusqu'à 9 heures du soir.

D'après le tableau de service, le bureau ne devant être ouvert que de 8 heures du matin à 7 heures du soir, en hiver, et de 7 heures du matin à 8 heures du soir, en été, la commune paye à la receveuse des postes une indemnité annuelle de 400 francs pour les heures supplémentaires pendant lesquelles le bureau est ouvert.

Le service est assuré par une receveuse et une aide, 5 facteurs et 1 releveur de boîtes.

Il existe, en outre, 1 porteur de dépêches qui est payé par la commune, à raison de 1.200 francs par an.

Il est fait 5 levées par jour et 3 distributions.

Caisses d'épargne. — La *Caisse nationale d'épargne postale* a délivré, pendant l'année 1899, 164 livrets représentant une somme de 25.256 fr. 55.

Les versements sur livrets pris antérieurement ont été au nombre de 1.064 pour une somme de 96.823 fr. 44.

513 remboursements réprésentant 113.701 fr. 99 ont été effectués au cours de l'année.

En outre, tous les dimanches, à la mairie, ont lieu, de 9 heures à midi, les séances d'une succursale de la *Caisse d'épargne de Paris*.

Cette succursale est ouverte aux versements et aux remboursements depuis le 7 octobre 1888.

Voici le résumé de ses opérations depuis son ouverture :

RECETTES

Sommes versées	700.315 10
Nombre des dépôts	4.596
Livrets nouveaux	744

REMBOURSEMENTS

Nombre de remboursements	798
Sommes remboursées	240.796 54

Voici, maintenant, le résumé des opérations de cette succursale pour 1899 :

Sommes versées	59.325 »
Nombre des dépôts	459
Livrets nouveaux	55
Nombre de remboursements	95
Sommes remboursées	27.168 80

Sapeurs-pompiers. — La subdivision des sapeurs-pompiers de Noisy-le-Sec se compose de 20 hommes, dont 1 sous-lieutenant, 1 sergent et 1 sergent-fourrier, 4 caporaux dont 1 caporal tambour, 3 clairons et 10 hommes.

Voici l'énumération des dépenses figurant de ce chef au compte de 1899 :

Solde des tambours et clairons	250 »
Assurance ou secours et pensions en faveur des sapeurs-pompiers blessés, de leurs veuves ou de leurs enfants	115 »
Habillement et équipement	541 55
Frais de registres, livrets, papiers, etc.	50 »
Frais de déplacements, indemnités ou gratifications	768 »
Rachat de la prestation individuelle des pompiers	102 »
Remise des pompes, loyer	50 »
Entretien des pompes et accessoires	575 »
Subvention à la Caisse des sapeurs-pompiers	200 »
Indemnité à l'instructeur	100 »
Traitement du sapeur chargé de l'entretien des pompes	100 »
Cotisation des pompiers ayant dépassé l'âge d'admission à la Société de secours mutuels	450 »
Entretien du mobilier	6 »
Gratification au tambour	100 »

Parmi ces dépenses, celle qui figure ci-dessus sous la rubrique : « Assurance ou secours et pensions en faveur des sapeurs-pompiers blessés, de leurs veuves ou de leurs enfants », et dont le montant s'élève à 115 francs, est employée à payer la prime d'une police d'assurance, contractée le 5 mars 1896, avec effet du lendemain, et approuvée par délibération du 4 avril suivant.

L'assureur est la Compagnie « l'Urbaine et la Seine ». Aux termes de l'article 2 de la police précitée, ladite Compagnie « assure les communes contre les secours et pensions qu'elles peuvent avoir à servir en vertu de l'article 3 de la loi du 5 avril 1851, soit à leurs propres pompiers dans la commune même et sur le territoire de la commune voisine, soit à ceux des communes voisines venus au secours de la commune incendiée ».

Les secours que la Compagnie s'engage à payer, et qui seraient versés directement aux intéressés, sont déterminés ainsi qu'il suit dans la police :

En cas de mort, 3.000 francs ;

En cas de blessures, celles-ci sont classées en trois degrés donnant lieu au payement des sommes suivantes :

1er degré (perte de la vue, de l'usage de deux membres, d'un membre inférieur et tous cas assimilables), 2.000 francs.

2e degré (perte d'un membre supérieur, d'une main, d'un pied, de la mâchoire inférieure, etc.), 1.000 francs.

3e degré (perte d'un œil, du coude, du genou, etc.), 500 francs.

En cas d'incapacité temporaire, la Compagnie s'engage à payer une indemnité journalière de 2 fr. 50 au maximum et, ce, pendant une période de temps qui ne pourra pas dépasser 180 jours.

La police est contractée pour une durée de 10 ans.

Le montant de la prime annuelle est de 115 francs, tant que l'effectif de la subdivision ne dépasse pas 41 hommes ; au cas où ce chiffre serait dépassé, la prime à payer devrait ressortir à 3 francs par homme.

Sous la rubrique : « Frais de déplacements, indemnités ou gratifications » figure, en outre, parmi les dépenses ci-dessus mentionnées, une somme de 768 francs. Les indemnités ou gratifications dont il s'agit sont payées aux sapeurs-pompiers de la manière suivante :

La commune effectue, sur un livret de la Caisse d'épargne de Paris, un versement annuel de 20 francs par homme. Ce livret est immatriculé au nom de la Compagnie des sapeurs-pompiers de Noisy-le-Sec.

A l'expiration de l'engagement de servir pendant 5 ans, que tout sapeur-pompier doit contracter aux termes de l'article 11 du décret du 29 décembre 1875, les sommes ainsi versées par la commune sont réparties à raison de 20 francs par homme et par an. Les versements, faits au nom des hommes qui ont cessé de faire partie de la subdivision avant l'expiration de leur engagement, font retour à la commune.

Le livret sur lequel sont portés les versements que fait actuellement la commune a été pris en 1896 ; le montant de ces versements s'élève aujourd'hui à 1.788 francs.

Les sapeurs-pompiers sont exonérés de la prestation individuelle qui est rachetée par la commune.

De plus, par délibération du 6 octobre 1877, le Conseil municipal de Noisy-le-Sec a voté la création d'une Caisse de secours, de pensions et de retraites en faveur des sapeurs-pompiers, de leurs veuves et de leurs enfants orphelins et s'est engagée à allouer annuellement à cette Caisse une somme de 200 francs, jusqu'à ce qu'elle possède un revenu d'au moins 600 francs. Cette institution a été approuvée par décret du 26 février 1879.

Voici la situation financière de cette Caisse au 31 décembre 1899 :

La Caisse possédait au 31 décembre 1899 une rente de 479 :

Numéraire	9 99

Elle a reçu :

Subvention départementale	150 »
Subvention communale	150 »
Subvention	100 »

Ses statuts portent, notamment, qu'il sera fait une pension de 100 francs à tout sapeur-pompier qui aura servi pendant 25 ans dans la subdivision. Toutefois, aucune pension ne doit être payée avant que le revenu de la Caisse soit au moins de 600 francs par an.

Un pompier, dont l'admission remonte au 1er janvier 1861, remplit la condition fixée par les statuts pour avoir droit à la pension. Quoique le montant des revenus de la Caisse soit encore inférieur à 600 francs, le Conseil municipal a jugé équitable d'allouer, à l'intéressé, une somme de 100 francs sous forme de gratification. Elle figure au budget sous la rubrique : « Gratifications au tambour ».

Il ne sera pas sans intérêt de faire remarquer que la somme de 100 francs, qui figure dans la situation ci-dessus, sans autre indication, est allouée à la Caisse de retraites par la Société d'assurances mutuelles de la Seine et de Seine-et-Oise. Cette Société subventionne les Caisses de retraites des sapeurs-pompiers et contribue à l'entretien et au renouvellement du matériel de secours des communes dont elle assure les immeubles. C'est ainsi que depuis 1877, date de fondation de la Caisse de secours et de retraites des sapeurs-pompiers de Noisy, elle a versé, en subventions à cette Caisse, une somme totale de 2.800 francs et, depuis 1883, une somme de 550 francs à la commune pour acquisition de matériel d'incendie.

La prime annuelle, payée par le budget communal à cette

Société pour assurance des bâtiments communaux, s'élève à 96 fr. 53.

Enfin, voici une dernière disposition prise par le Conseil municipal en faveur des pompiers : Tout pompier est présenté à l'admission à la Société de secours mutuels et sa cotisation, s'il est admis, est acquittée par la commune.

S'il n'est pas admis, il reçoit, en argent, le montant de la cotisation.

Huit pompiers sont à l'heure actuelle inscrits à cette Société.

Cette mesure a été prise par le Conseil municipal en 1887.

Le matériel de secours se compose de deux pompes foulantes, d'un dévidoir et d'un chariot qui sont resserrés dans un local dépendant de la mairie, et d'une pompe aspirante et foulante qui est remisée rue de Merlan, n° 43. Ce dernier local est loué par la commune moyennant un loyer annuel de 50 francs.

Marché. — Depuis le 2 juin 1880, il existe, à Noisy-le-Sec, un marché de comestibles qui, après avoir été installé sous abris mobiles rue de Béthisy, se tient, depuis 1892, sous abris fixes, sur une surface de 4.000 mètres rue du Centenaire, les mercredis et samedis, de 8 heures du matin à 4 heures du soir.

Par contrat du 10 octobre 1891, approuvé le 25 mars 1892, la commune a concédé l'exploitation de ce marché à un entrepreneur, moyennant une redevance annuelle de 1.000 francs pour une durée de 10 ans, soit du 1er avril 1892 au 31 mars 1902.

Le marché occupe une superficie de 4.000 mètres. Les abris ont été établis par le concessionnaire qui a reçu de la commune une subvention de 1.500 francs. La dépense totale s'est élevée à 6.500 francs.

A l'expiration de la concession, ces abris deviendront la propriété de la commune qui les acquerra à dire d'experts, défalcation faite du montant de la subvention dont il vient d'être parlé.

Les droits que le concessionnaire du marché est autorisé à percevoir sont ainsi fixés :

0 fr. 15 par mètre de façade découverte ;

0 fr. 25 par mètre de façade couverte ;

0 fr. 60 par abri mobile couvrant 4 mètres superficiels ;

0 fr. 60 pour toute voiture couverte installée sur le marché, ces voitures étant considérées comme abris mobiles ;

o fr. 20 par table de 2 mètres;

o fr. 20 par voiture attelée et o fr. 10 par voiture non attelée, pour remisage ou stationnement des voitures, sur l'emplacement inoccupé du marché ou dans la rue de Damas (voie urbaine adjacente).

Le remisage des voitures est facultatif pour les marchands qui fréquentent le marché.

Enfin, la commune fournit au concessionnaire 40 mètres superficiels pour le remisage de son matériel.

Aux termes d'un arrêté municipal, la vente par marchands ambulants est interdite les jours de marché, à partir de 6 heures du matin en été et de 7 heures en hiver jusqu'à l'heure de la fermeture.

Le nombre des places est de 150.

En 1899, on a compté 58 commerçants ayant fréquenté assidûment le marché.

Marchandises introduites en 1899	Poissons	6.500	kilogr.
	Volailles et gibiers	45.000	—
	Viandes	50.500	—
	Beurre, œufs, fromages	35.000	—
	Fruits et légumes	85.000	—
	Objets divers	60.000	—

Pompes funèbres. — La fabrique paroissiale de Noisy-le-Sec a donné à bail, à l'entreprise des Pompes funèbres générales, dont le siège est à Paris, boulevard Richard-Lenoir, n° 66, le service des pompes funèbres dans la commune, ainsi que la fourniture de tous les objets concernant ce service et celui des inhumations, à l'exception de la fourniture de la cire qu'elle s'est réservée.

Cette concession a été constatée par un acte, en date du 5 juillet 1885, communiqué au Conseil municipal dans sa séance du 18 mai précédent.

Ce traité, qui ne paraît pas avoir été soumis à l'autorisation préfectorale, était fait pour une durée de 3, 6, 9 années. Il a été renouvelé pour une durée de 3 autres années, par un acte du 3 novembre 1894 qui porte qu'à moins de dénonciation par l'une des parties, 6 mois avant l'expiration de la période en cours, le traité se continuera par tacite reconduction et par période de 3 ans.

Ce renouvellement ne paraît pas, non plus, avoir été soumis à l'approbation de l'administration.

Voici les clauses principales contenues dans ces actes :

L'entreprise se charge du transport et de l'inhumation des corps des personnes décédées, ainsi que de la fourniture de tous les objets concernant les pompes funèbres. Dans ce but, un tarif est annexé au contrat ; pour chacune des huit classes prévues pour l'inhumation des adultes, sous la dénomination de taxe municipale, ce tarif prévoit notamment un droit fixe, le prix de la fosse, le salaire des porteurs. Il en est de même pour l'inhumation des enfants pour laquelle on a prévu cinq classes.

Le droit fixe, qui est de 10 francs, pour les inhumations d'adultes, sauf pour la dernière classe où il est de 5 francs et de 2 francs pour les inhumations d'enfants, est perçu, ainsi d'ailleurs que le prix de la fosse et le salaire des porteurs, par le préposé comptable de l'entreprise. Le montant de cette perception est attribué à l'entreprise, à charge par elle de fournir gratuitement, pour les indigents adultes, le corbillard ; pour les enfants, le brancard, prévu dans la dernière classe du tarif.

Le salaire des porteurs et le prix de la fosse varient suivant les classes. Le prix est perçu, ainsi qu'il a été dit, par l'entreprise, à charge par elle de payer mensuellement les porteurs et le fossoyeur. Toutefois, si les sommes fixées par le tarif étaient insuffisantes, le déficit serait supporté par moitié par la fabrique et par le concessionnaire.

Aux termes du contrat, sont à la charge de l'entreprise et ne donnent lieu à aucune perception de sa part : les costumes de deuil des porteurs, les cercueils nécessaires pour l'inhumation des indigents et des estampilles en plomb pour tous les cercueils.

Le partage des bénéfices entre la fabrique et le concessionnaire est réglé d'après les bases suivantes :

Au commencement de chaque mois, celui-ci présente au trésorier de la fabrique le décompte certifié véritable de toutes les commandes de convois, services anniversaires et fournitures diverses qui ont été exécutés dans le courant du mois précédent, à l'exclusion, toutefois, de celles relatives aux convois protestants et israélites.

Il prélève :

1° Le produit des sommes comprises dans la taxe municipale ;

2° Le prix intégral des bières en volige comme compensation de la fourniture gratuite des bières pour l'inhumation des indigents ;

3° Le prix des déplacements et transports hors de la commune ;

4° Le prix des voitures vernies spécialement destinées au ministre du culte.

Ces prélèvements faits, il paye au trésorier de la fabrique :

1° *Cinquante pour cent* sur tous les objets fournis en location pour les convois, sauf pour les berlines de deuil ;

2° *Quinze pour cent* sur toutes les fournitures réelles qui restent la propriété des familles et sur les berlines de deuil ;

3° *Soixante pour cent* sur tous les objets fournis en location pour les services anniversaires ;

4° *Vingt pour cent* sur les fournitures réelles faites pour ces derniers services.

Enfin, le contrat de concession contient l'article ci-dessous : « Si l'autorité supérieure venait à promulguer un nouveau tarif obligatoire, l'entreprise serait tenue de s'y conformer pendant la durée du traité. »

En ce qui concerne le service religieux, il n'existe pas de tarif approuvé dans les conditions prescrites par les articles 20 du décret du 23 prairial an XII et 69 des articles organiques.

Bureaux de tabac.— Il existe dans la commune quatre bureaux de tabac aux adresses ci-après : 1° rue du Goulet ; 2° rue de la Forge ; 3° boulevard de la République ; 4° rue de Merlan, n° 49.

Bibliothèque municipale publique. — La bibliothèque municipale publique est installée à la mairie.

Elle est ouverte le jeudi de 8 heures à 10 heures du soir, et le dimanche de 10 heures du matin à midi.

La commune alloue, pour le service de la bibliothèque, une subvention de 250 francs et au cours du dernier exercice elle a reçu du département une allocation de 600 francs.

Le secrétaire de la mairie et l'un des employés du secrétariat remplissent les fonctions de bibliothécaire et reçoivent du budget communal une somme de 250 francs.

En 1899, une somme de 557 fr. 75 a été dépensée pour entretien et renouvellement des livres.

Le nombre des volumes qui composent la bibliothèque est de 3.567 formant 2.800 ouvrages.

En 1899, le nombre des volumes prêtés a été de 7.965 :

Sciences, arts, enseignement	452
Histoire	379
Géographie et voyages	461
Agriculture et industrie	35
Littérature, poésie, théâtre	479
Romans	6.159

Le nombre total des lecteurs a été de 1.201, dont 106 lecteurs nouveaux, parmi lesquels on compte 777 hommes et 424 femmes.

Archives de la commune.— Les archives de la commune se composent :

Des registres paroissiaux de 1602 à 1789;

Des registres de l'état civil depuis 1789;

Des registres des délibérations du Conseil municipal depuis le 11 avril 1812;

De différents dossiers, relatifs aux affaires de la commune, tous modernes.

§ III.— PERSONNEL COMMUNAL

NOMBRE	EMPLOI	TRAITEMENT
1	Médecin de l'état civil	500 francs
3	Médecins du Bureau de bienfaisance, honoraires à raison de	1 fr. par visite de jour 5 fr. par visite de nuit
1	Secrétaire de la mairie (et le logement)	4.000 francs
1	Employé	1.800 —
1	—	1.400 —
1	Concierge de la mairie (le logement)	sans traitement
1	Receveur municipal spécial	3.000 francs
1	Agent voyer communal	550 —
1	Architecte communal	2 °/₀ sur les mémoires réglés
7	Cantonniers	1.400 fr. chacun
3	Receveurs de l'octroi	1.250 —
2	Surveillants	1.000 —
1	Garde champêtre (le logement)	1.500 francs
1	Appariteur (le logement)	2.200 —
4	Gardes messiers	non rétribués
1	Conservateur du cimetière	250 francs
1	Gardien	300 —
3	Concierges d'école	400 — 200 — 100 —
1	Femme de service des écoles	800 —

III. — RENSEIGNEMENTS DIVERS

Fêtes locales et foires. — La fête communale a lieu le 1er et le 2e dimanche d'août; elle se tient sur la place de la Mairie.

Courses de chevaux. — Néant.

Principales industries. — Les plâtrières, situées rue du Goulet, n° 61, qui fournissent environ 50 mètres cubes de plâtre par jour et occupent 100 ouvriers environ, constituent la principale industrie de Noisy-le-Sec.

D'importantes champignonnières occupent d'anciennes carrières.

Avenue Marceau, n° 1, est installée une fabrique de corsets qui occupe 10 ouvrières environ.

Une fabrique de biscuits est en construction, n° 70, boulevard de la République.

Une usine à gaz, dont il a été parlé sous la rubrique Éclairage.

Une fabrique de crayons Fabert, installée entre Bondy et Noisy, occupe environ 30 ouvriers.

Commerce et productions du pays. — En outre des industries qui viennent d'être énumérées, la plus grande partie des habitants se livrent à la culture.

Voici dans le tableau ci-dessous les principaux genres de cultures pratiqués à Noisy-le-Sec :

TABLEAU

SUPERFICIE DU TERRITOIRE : Totale... 502. — Agricole... 319. — Non agricole... 183																			
CULTURES LABOURABLES												CULTURE FOURRAGÈRE	ARBORICULTURE			HORTICULTURE			VITICULTURE
Froment	Avoine	Pommes de terre alimentaires	Carottes	Navets Raves	Choux	Asperges	Oignons Poireaux	Oseille Persil	Chicorée Pissenlit	Artichauts	Diverses	Luzerne	Pommiers Poiriers	Pruniers Cerisiers	Framboisiers Cassissiers Groseilliers	Potagère maraîchère	Culture florale	Parcs de plaisance pour la famille	
30	10	110	15	5	10	18	30	11	5	1	4	16	2	2	27	7	3	3	10
249												16	31			13			10
319 hectares																			

Rendement moyen par hectare ensemencé :

Froment.	34 hectolitres
Avoine.	40 —
Pommes de terre.	115 —

Écoles privées. — Il existe, à Noisy-le-Sec, quatre écoles privées, dont deux spéciales aux garçons, une spéciale aux filles et une école mixte.

Écoles de garçons. — L'une de ces écoles, située rue de la Forge, n° 81, est laïque.

Elle comprend une classe primaire élémentaire.

Pendant l'année scolaire 1898-1899, elle a été fréquentée par 27 garçons dont 3 âgés de moins de 6 ans au 1er janvier de l'année scolaire, 22 de 6 à 13 ans et 2 plus de 13 ans à la même date.

Nombre d'élèves présents à l'école : le 6 décembre 1898, 22 ; le 4 juin 1899, 27.

Le personnel enseignant comprend un instituteur.

L'autre école de garçons, située rue Denfert-Rochereau, n° 48, est une école congréganiste.

Elle comprend quatre classes primaires élémentaires et a été fréquentée, pendant le cours de l'année scolaire 1898-1899, par 82 élèves, dont 10 ont fréquenté une autre école dans le courant de la même année.

Sur ces 82 élèves, 71 avaient de 6 à 13 ans et 11 étaient âgés de plus de 13 ans au 1er janvier de l'année scolaire.

Nombre d'élèves présents à l'école : le 6 décembre 1898, 74; le 6 juin 1899, 72.

Le personnel enseignant est composé d'un instituteur et de trois instituteurs adjoints. Ils appartiennent à la congrégation des frères de la Doctrine chrétienne.

Écoles de filles. — L'école privée de filles, située rue de la Madeleine, 43, est dirigée par une institutrice et une adjointe appartenant à la congrégation des sœurs de Sainte-Marthe et Marie.

Cette école, qui comprend deux classes primaires élémentaires, a reçu, pendant l'année scolaire 1898-1899, 19 élèves dont aucune n'a fréquenté une autre école dans le courant de l'année scolaire.

Parmi ces élèves, 1 avait moins de 6 ans, 14 avaient de 6 à 13 ans et 4 étaient âgées de plus de 13 ans au 1er janvier de l'année scolaire.

Étaient présentes à l'école : le 6 décembre 1898, 19 élèves; le 6 juin 1899, le même nombre.

Enfin, rue Carnot, n° 10, se trouve une école mixte dirigée par une institutrice et quatre adjointes appartenant à la congrégation des sœurs de l'Intérieur de Marie.

Cette école comprend une classe enfantine et trois classes primaires élémentaires.

Les élèves sont au nombre de 170, parmi lesquels 30 garçons et 140 filles.

Au point de vue de l'âge, la population scolaire de cet établissement se répartit comme suit :

Garçons ayant moins de 6 ans au 1er janvier de l'année scolaire, 30.

Filles ayant moins de 6 ans au 1er janvier de l'année scolaire, 40; ayant de 6 à 13 ans à la même époque, 100.

Étaient présents à l'école : le 6 décembre 1898, 140; le 6 juin 1899, 150.

Établissements privés de bienfaisance. — Hospice de Saint-Antoine-de-Padoue, antérieurement rue de Pantin, 32, et nouvellement installé dans une propriété de 4.000 mètres située rue Tripier prolongée. L'établissement est dirigé par les sœurs de

Notre-Dame-des-Sept-Douleurs, qui ont acquis cette propriété, moyennant une somme de 25.000 francs, et y ont élevé les constructions qui composent l'hospice.

La pose de la première pierre a eu lieu le 14 juin 1896.

L'hospice de Saint-Antoine-de-Padoue qui comprend 300 lits reçoit, moyennant une pension annuelle de 250 francs et 100 francs d'entrée, ou la somme de 1.000 francs une fois donnée, des vieillards des deux sexes, valides ou infirmes, domiciliés dans le diocèse de Paris. Les hommes sont reçus à partir de 70 ans et les femmes à partir de 60 ans. Actuellement, il abrite 100 malades des deux sexes soignés par 12 sœurs.

Pendant l'hiver, cet hospice distribue des portions alimentaires contre des bons de 0 fr. 10.

Rue du Goulet, n° 35, est installé un orphelinat dit « Œuvre du Souvenir ». Il reçoit 17 pupilles sous la direction de 2 laïques.

Sociétés diverses. — Il existe à Noisy-le-Sec deux compagnies de chevaliers d'arc ; l'une, dite *Compagnie du centre*, a été fondée en 1878. Elle comprend 42 membres payant chacun une cotisation de 4 francs par trimestre.

Cette compagnie a son stand, n° 35, rue Denfert-Rochereau.

L'autre, dite *1re Compagnie*, a été fondée en 1868. Elle comprend 20 membres payant chacun une cotisation de 4 francs par trimestre.

Son stand se trouve rue des Bergeries.

La société des *Flobertistes* a été fondée en 1893. Elle comprend 45 membres qui payent chacun une cotisation mensuelle de 1 franc.

Son stand se trouve rue de la Levée, n° 11.

Une *Société d'arbalétriers*, comprenant 30 membres, a son stand, avenue Hoche.

La cotisation est de 1 franc par mois.

Cette Société date de 1860.

Le *Choral noiséen* comprend 28 membres ; la cotisation est de 3 francs par an ; il a été fondé le 23 mai 1895.

L'*Union musicale* date de 1898 ; elle comprend 50 membres actifs payant 0 fr. 50 par mois et 15 membres honoraires dont la cotisation annuelle est de 9 francs.

Une Société de gymnastique a été fondée le 15 septembre 1882, sous la dénomination de la *Vigilante de Noisy-le-Sec.*

A la suite de modifications apportées à ses statuts, cette Société a dû se pourvoir d'une nouvelle autorisation qui lui a été donnée le 27 juillet 1897.

Son siège est situé rue de Damas, à l'école de garçons.

La Société se compose de :

1° Membres actifs (vétérans, adultes et pupilles);

2° Membres honoraires;

3° Membres d'honneur.

Ces derniers ne payent pas de cotisation et sont pris « parmi les personnes qui ont rendu des services à la cause de la gymnastique ou à la Société ».

Les membres honoraires qui sont au nombre de 34 payent une cotisation annuelle de 6 francs.

Les membres actifs qui se divisent en vétérans, adultes et pupilles, les premiers devant avoir au moins 21 ans et les derniers 16 ans révolus, sont au nombre de 32 (17 pupilles et 15 adultes).

Les vétérans et les adultes payent une cotisation de 12 francs par an, et les pupilles, de 6 francs.

Aux termes d'un règlement intérieur, les séances de gymnastique ont lieu, pour chaque catégorie de membres actifs, deux fois par semaine et durent deux heures.

Cette Société a reçu en 1899, sur le budget municipal, une subvention de 150 francs.

La *Société des Amis du Progrès* a été fondée le 14 mai 1884 et ses statuts ont été approuvés par arrêté préfectoral du 5 novembre suivant.

Elle a pour but « d'établir un centre de réunion et de relations amicales entre les habitants de la commune, d'organiser des bals, soirées, concerts, conférences et divertissements de toutes sortes ».

Toute personne âgée de 18 ans peut en faire partie; les jeunes gens de moins de 18 ans ne sont admis que sur la présentation de leurs parents ou tuteur.

Tout sociétaire doit acquitter un droit d'admission de 3 francs et une cotisation de 12 francs par an payable par trimestre et d'avance.

Les membres de la Société ont un insigne qu'ils portent à la boutonnière; ses couleurs sont : « Fond vert avec bordure circulaire jaune d'or. Deux mains, fraternellement enlacées, en forment le centre. »

Enfin, en cas de décès d'un sociétaire, une invitation d'assister à ses obsèques est adressée à tous les membres de la Société.

Ceux-ci sont au nombre de 160.

Une Société de *Libre Pensée* a été fondée en 1894. Elle comprend 30 membres qui versent une cotisation de 0 fr. 50 par mois.

Il existe, enfin, une *Société lyrique et dansante*, dite la *Jeunesse noiséenne*. Elle comprend 35 membres payant une cotisation annuelle de 3 francs.

Médecins, pharmaciens, sages-femmes. — 3 médecins, autant de pharmaciens et de sage-femmes.

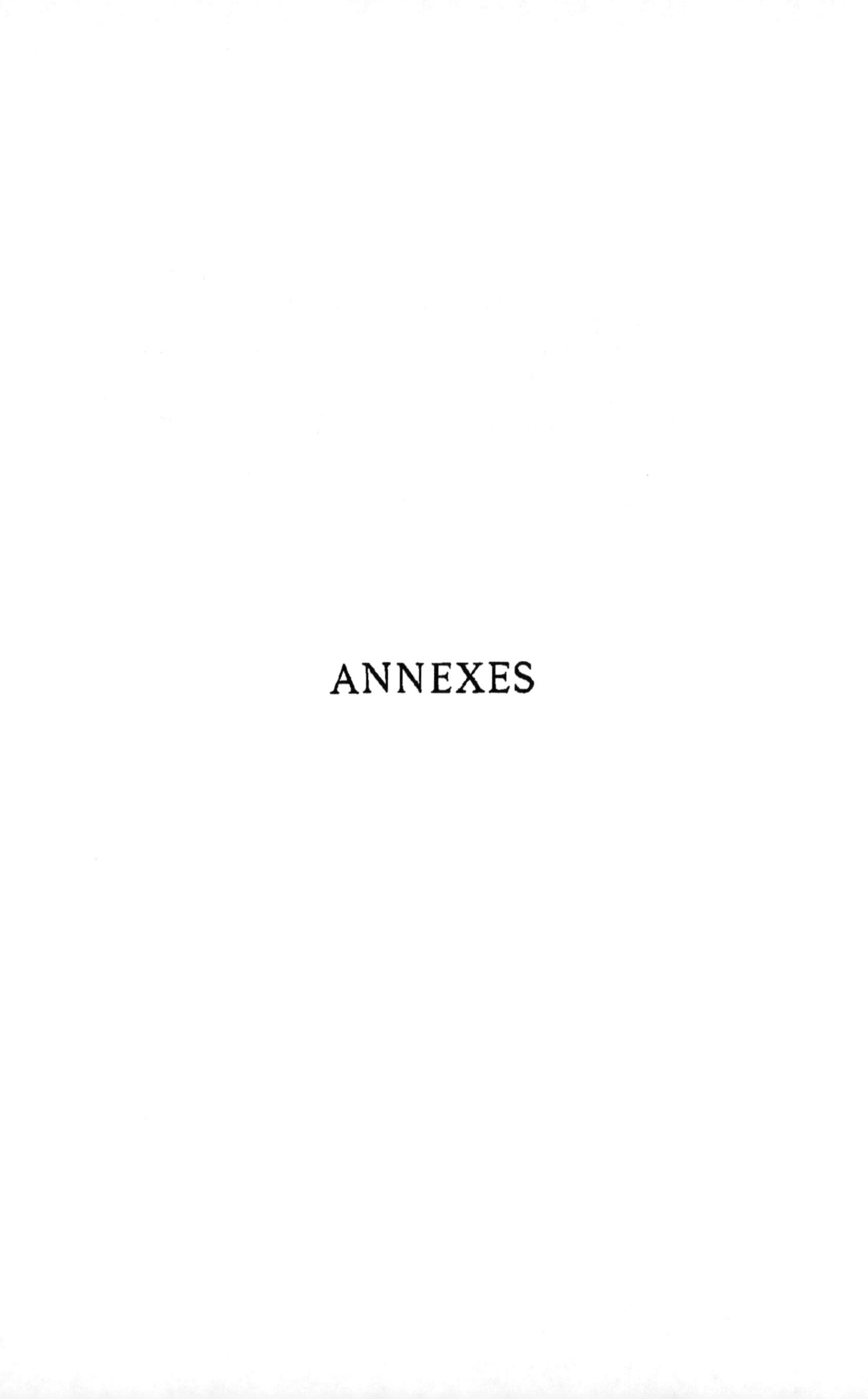

ANNEXES

CONSEIL MUNICIPAL (1900)

(Effectif légal : 23 membres)

MM. DAMOISELET, Adrien-Adolphe, maire.

BREUILLER, Émile, adjoint.

DURIN, Pierre-Eugène, adjoint.

DURIN, Lucien-Nestor, conseiller.

DÉLÉPINE, Armand, conseiller.

GAY, Georges-Édmond, conseiller.

LAUREAUX, Édouard-Louis, conseiller.

GANTOIS, Léon-Jean-Marie, conseiller.

LANET, Eugène-Jean, conseiller.

LEFRIAND, Eugène-Benjamin, conseiller.

MAUCARRÉ, Armand-Désiré, conseiller.

BLANCHARD, Henri-Charles-Victor, conseiller.

MM. CAILLARD, Jules-Lucien, conseiller.

BUREAU, Henri-Édouard, conseiller.

COUILLARD, Jacques-Pierre-Léonard, conseiller.

LEREBOURS, Michel-Nicolas, conseiller.

GUÉRARD, Victor-Aristide, conseiller.

ÉTIENNE, Ernest, conseiller.

VIARD, Jean-François, conseiller.

MATHIAS, Joseph-Félix, conseiller.

MORILLON, Louis, conseiller.

SIÉBOLD, Jules-Félix, conseiller.

QUEULIN, Georges-Victor, conseiller.

TARIF DES TAXES D'OCTROI

(Revisées et prorogées du 1er janvier 1898 au 31 décembre 1902)
Décret du 29 décembre 1897

CHAPITRES DE PERCEPTION	OBJETS ASSUJETTIS AUX DROITS	MESURES et POIDS	DROITS A PERCEVOIR — Taxe principale
Boissons et liquides	Vins en cercles et en bouteilles	l'hectol.	0 88
	Cidres, poirés et hydromels	—	0 56
	Alcool pur contenu dans les eaux-de-vie, absinthes, esprits, liqueurs et fruits à l'eau-de-vie	—	6 »
	Huiles autres que les huiles minérales	100 kilos	6 »
	Bières	—	2 »
	Vinaigres et conserves au vinaigre	—	1 »
	Limonades	—	5 »
Comestibles	Bœufs, vaches, taureaux, génisses	par tête	8 »
	Moutons et brebis	—	1 »
	Chèvres	—	0 35
	Agneaux et chevreaux	—	0 50
	Veaux	—	2 50
	Porcs	—	2 50
	Viande fraîche ou dépecée — de bœuf	100 kilos	2 »
	Viande fraîche ou dépecée — de mouton	—	3 »
	Viande fraîche ou dépecée — de veau	—	3 »
	Viande fraîche ou dépecée — de porc	—	2 40
	Salaisons de toute nature, viandes de conserve et charcuterie	—	4 »
	Truffes, volailles et gibier truffés, pâtés et terrines truffés	le kilogr.	0 30
	Lièvres	la pièce	0 25
	Faisans, coqs de bruyère et lapins de garenne	—	0 10
	Chevreuils, cerfs, sangliers	—	3 »
	Perdrix, bécasses, poules d'eau, sarcelles	—	0 05
	Huîtres fraîches et marinées — Portugaises	le cent	0 50
	Huîtres fraîches et marinées — Toutes les autres espèces	—	1 »

CHAPITRES DE PERCEPTION	OBJETS ASSUJETTIS AUX DROITS	MESURES et POIDS	DROITS A PERCEVOIR — Taxe principale
Combustibles	Bois à brûler { dur	le stère	0 50
	Bois à brûler { tendre	—	0 30
	Fagots, cotrets ou bourrées	le cent	1 »
	Huiles à brûler (à l'exception du dégras et l'huile de poisson), animales et végétales	100 kilos (a)	6 »
	Huiles minérales	—	2 »
	Cires blanches ou jaunes	—	15 »
Fourrages	Avoine et maïs	—	0 60
	Sons et recoupes, remoulages	—	0 50
	Orge	—	0 35
Matériaux de construction	Chaux et mortier de toute espèce	l'hectol.	0 20
	Ciment de toute espèce	100 kilos	0 60
	Plâtre	l'hectol.	0 20
	Moellons, carreaux de plâtre, plâtras, pavés et meulières de toute dimension (travaillés ou non)	le m. cube	0 20
	Pierre de taille de toute espèce	—	1 25
	Dalles et carreaux de pierre de toute espèce	m. sup.	0 15
	Marbres et granits	le m. cube	5 »
	Fers, fontes, acier, zinc, plomb, cuivre (façonnés ou non, neufs ou vieux) destinés à la construction immobilière	100 kilos	1 25
	Ardoises pour toitures	le mille	2 »
	Briques, tuiles, carreaux et panneaux vernissés ou non, mitres, tuyaux et poteries destinés à la construction immobilière	—	1 20
	Bois de charpente, de sciage ou de menuiserie (ouvrés) { dur	le stère	2 »
	Bois de charpente, de sciage ou de menuiserie (ouvrés) { tendre	—	1 46
	Bois en grumes { dur	—	1 50
	Bois en grumes { tendre	—	1 10
Divers	Verres à vitres	100 kilos	1 »
	Vernis de toute espèce, autres que ceux à l'alcool, blanc de céruse, de zinc et autres couleurs; essences de toute nature, goudron liquide et autres liquides pouvant être employés comme essence	—	2 »

(a) Cette taxe représente les droits d'octroi et du Trésor (traité du 1er mai 1897)

TARIF DES DROITS DE VOIRIE

(Approuvé par arrêté préfectoral du 16 juin 1879)

CONSTRUCTIONS ET CLOTURES

Rez-de-chaussée, par mètre de façade.	2 fr. »
Chaque étage au-dessus, par mètre de façade. . .	1 fr. »
Murs de clôture pleins, par mètre de façade . . .	1 fr. »
Murs d'appui, y compris pilastres, grilles et portes grillées, par mètre de façade.	3 fr. »
Clôture en planches, treillages, treillages de fer. .	1 fr. »
Haies vives ou sèches et en échalas.	0 fr. 50

EXHAUSSEMENT D'UN BATIMENT

1er et 2e étage par mètre linéaire	1 fr. »
Chaque étage, au-dessus, par mètre linéaire. . . .	0 fr. 50

SAILLIES

Grand balcon, par mètre linéaire	6 fr. »
Petit balcon, droit fixe.	10 fr. »
Perron en pierre.	10 fr. »
Entablements, par mètre linéaire . . .	0 fr. 25
Marquise, droit fixe	20 fr. »
Colonnes ou pilastres, droit fixe . . .	3 fr. »
Borne isolée ou engagée, droit fixe.	1 fr. »
Auvent en bois ou en métal, droit fixe	10 fr. »

Porte ouvrant en dehors, croisée garnie de grilles ou barreaux en saillie au rez-de-chaussée ou aux étages, droit fixe	10 fr. »
Croisée munie de volets, contrevents, persiennes ou jalousies :	
Au rez-de-chaussée	3 fr. »
Aux étages	1 fr. »
Tableau, enseigne ou lanterne, droit fixe	5 fr. »
Devanture de boutique, par mètre linéaire.	3 fr. »
Barre d'appui de boutique, droit fixe . . .	0 fr. 50
Stores, bannes, par mètre linéaire.	1 fr. »

RÉPARATIONS

Ouverture d'une croisée, droit fixe	2 fr. 50
— d'une porte bâtarde, droit fixe	4 fr. »
— d'une porte cochère ou charretière ou d'une grille.	6 fr. »
Ouverture d'une baie de boutique, par mètre linéaire.	2 fr. »
Ravalement de la façade d'une maison :	
Au rez-de-chaussée, par mètre linéaire.	1 fr. »
Chaque étage au-dessus, par mètre linéaire. . .	0 fr. 50
D'un mur de clôture.	0 fr. 50
Enseigne peinte sur mur, droit fixe.	5 fr. »
Dépôt de matériaux, bois, ferrailles et échafaudages, par mètre superficiel et par mois	0 fr. 25

TARIF DES CONCESSIONS

DANS

LE CIMETIÈRE

(Délibération du 20 juin 1894, approuvée le 2 août 1894)

CONCESSIONS PERPÉTUELLES

Par mètre superficiel. . . . . 162 fr. 50

CONCESSIONS TRENTENAIRES

Par mètre superficiel . . . . 63 fr. »

CONCESSIONS DE QUINZE ANS

Par mètre superficiel . . . . 40 fr. 50

NOTA. — Il ne peut être accordé, quelle que soit la catégorie de concession demandée, moins de deux mètres superficiels, quand même la concession serait destinée à une sépulture d'enfant.

TARIF

DES DROITS DE STATIONNEMENT

(Etablis par délibération du 20 juin 1894
et revisés par délibération du 19 février 1896)

Rond-point de la Gare, par mètre superficiel	7 fr. »
Rue de la Forge, entre le rond-point de la Gare et la rue Carnot, par mètre superficiel	4 fr. »
Boulevard de la République, depuis la rue de la Forge jusqu'aux nos 9 et 12 dudit boulevard, par mètre superficiel.	4 fr. »
Rue de la Gare, par mètre superficiel.	4 fr. »
Avenue de Bondy, depuis le rond-point de la Gare jusqu'à l'angle du chemin du Dépôt, par mètre superficiel.	4 fr. »
Rue de la Forge, entre les rues Carnot et de Brément, par mètre superficiel	2 fr. »
Place Jeanne-Darc, par mètre superficiel.	2 fr. »
Rue du Goulet, jusques et y compris le n° 7, par mètre superficiel.	2 fr. »
Boulevard de la République, des nos 9 et 12 à la rue Dombasle, par mètre superficiel	2 fr. »
Toutes les voies de la commune non énumérées ci-dessus, par mètre superficiel.	1 fr. »

NOTA. — Les immeubles situés à l'intersection de deux rues ou d'une rue et d'une place payeront, pour toute leur façade, suivant la taxe la plus élevée.

TABLE

§ II. *Démographie*

§ III. *Finances*

II. — SERVICES PUBLICS

§ I. *Bienfaisance*

§ II. *Enseignement*

§ III. *Voirie*

§ IV. *Justice et Police*

§ V. *Cultes*

§ VI. *Services divers*

§ VII. *Personnel communal*

III. — RENSEIGNEMENTS DIVERS

ANNEXES

COMPOSÉ, IMPRIMÉ ET BROCHÉ
PAR LES PUPILLES DU DÉPARTEMENT DE LA SEINE,
ÉLÈVES DE L'ÉCOLE D'ALEMBERT
A MONTÉVRAIN

COMPARAISON

DE LA

POPULATION

ET DES

RECETTES ORDINAIRES

Relevées aux époques de Recensement

(1801 à 1896)

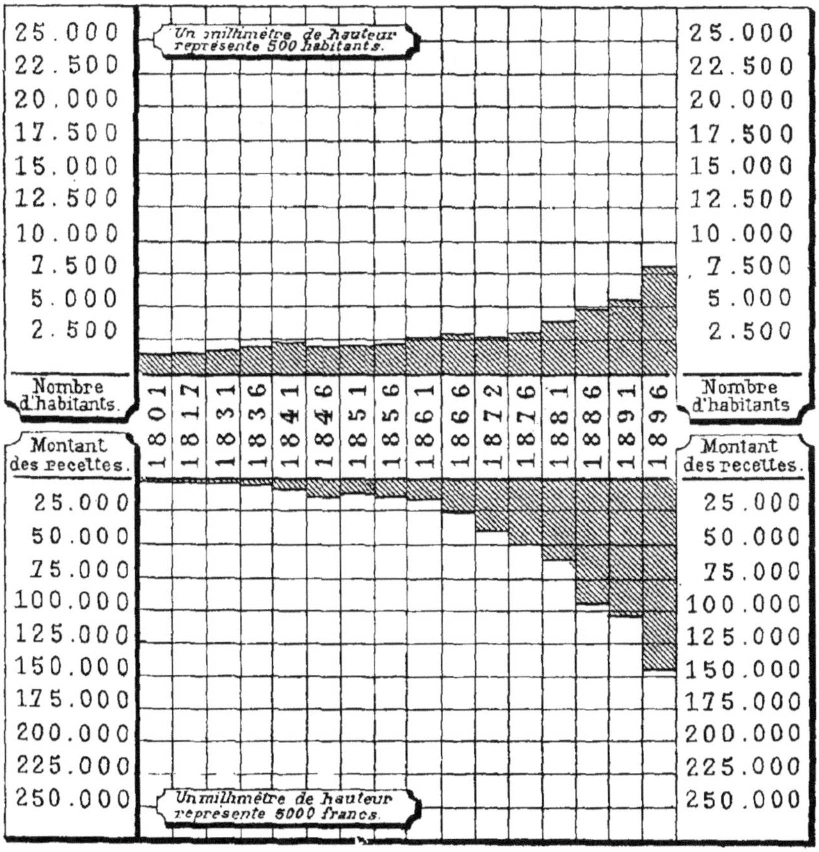

EN DÉPOT

A LA PRÉFECTURE DE LA SEINE

DIRECTION DES AFFAIRES DÉPARTEMENTALES

BUREAU DES COMMUNES

(Annexe Est de l'Hôtel de Ville)

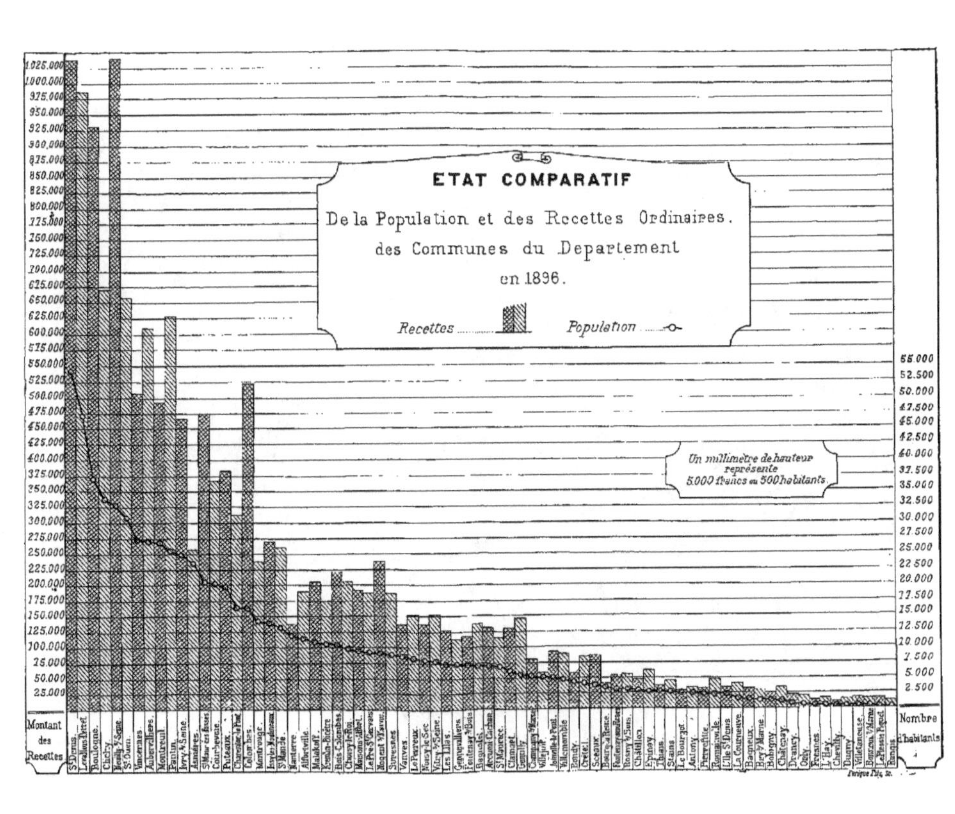

ETAT COMPARATIF
De la Population et des Recettes Ordinaires.
des Communes du Departement
en 1896.
Recettes
Population
Un millimètre de hauteur représente 5.000 francs ou 500 habitants.
Montant des Recettes
Nombre d'habitants
1.025.000
1.000.000
975.000
950.000
925.000
900.000
875.000
850.000
825.000
800.000
775.000
750.000
725.000
700.000
675.000
650.000
625.000
600.000
575.000
550.000
525.000
500.000
475.000
450.000
425.000
400.000
375.000
350.000
325.000
300.000
275.000
250.000
225.000
200.000
175.000
150.000
125.000
100.000
75.000
50.000
25.000
55.000
52.500
50.000
47.500
45.000
42.500
40.000
37.500
35.000
32.500
30.000
27.500
25.000
22.500
20.000
17.500
15.000
12.500
10.000
7.500
5.000
2.500
St Denis.
Levallois-Perret
Boulogne.
Clichy.
Neuilly s/ Seine.
St Ouen.
Vincennes.
Aubervilliers.
Montreuil.
Pantin.
Ivry s/ Seine.
Asnières.
St Maur les Fossés
Courbevoie.
Puteaux.
Charenton-le-Pont
Colombes.
Montrouge.
Issy-les-Moulineaux
St Mandé.
Nanterre
Alfortville.
Malakoff.
Kremlin-Bicêtre
Bois-Colombes
Choisy-le-Roi
Maisons-Alfort.
Le Pré-St Gervais
Nogent s/ Marne.
Suresnes
Vanves.
Le Perreux.
Noisy-le-Sec
Vitry s/ Seine.
Les Lilas.
Gennevilliers
Fontenay s/ Bois
Bagnolet.
Arcueil-Cachan
St Maurice.
Clamart
Gentilly
Champigny s/ Marne
Villejuif
Joinville-le-Pont.
Villemomble
Bondy.
Créteil
Sceaux
Bourg-la-Reine.
Fontenay-aux-Roses
Rosny s/ Bois
Châtillon
Epinay.
Thiais.
Stains
Le Bourget.
Antony.
Pierrefitte.
Romainville.
L'Ile St Denis
La Courneuve
Bagneux.
Bry s/ Marne.
Bobigny.
Châtenay.
Drancy.
Orly.
Fresnes
L'Hay.
Chevilly.
Dugny.
Villetaneuse.
Bonneuil s/ Marne
Le Plessis-Piquet
Rungis.
Pernique Fils, Sc.

NOISY-LE-SEC

Limites actuelles de la Commune reportées sur la Carte dite des Chasses 1764-1773.

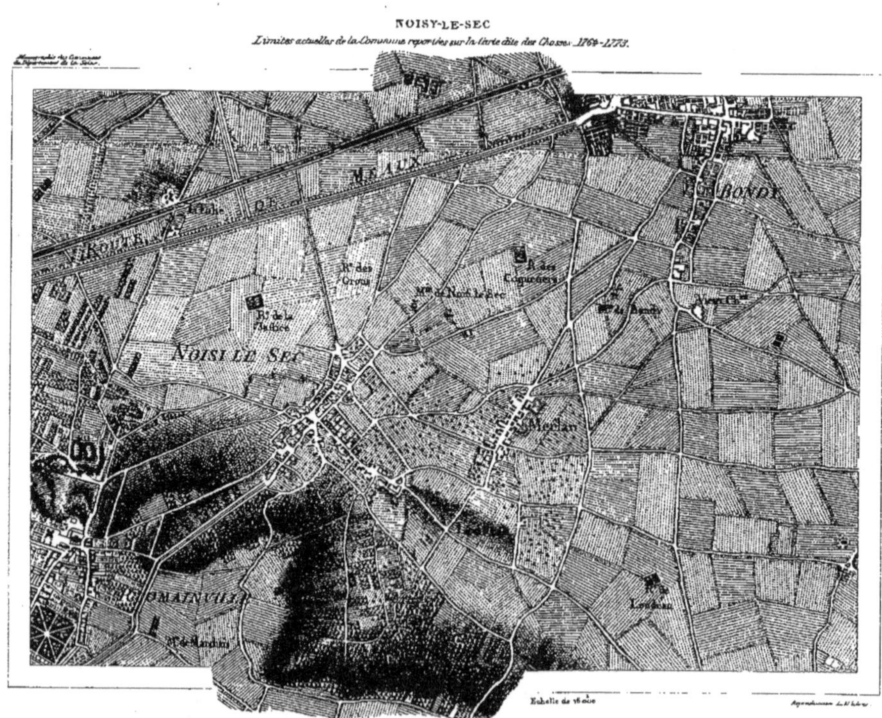

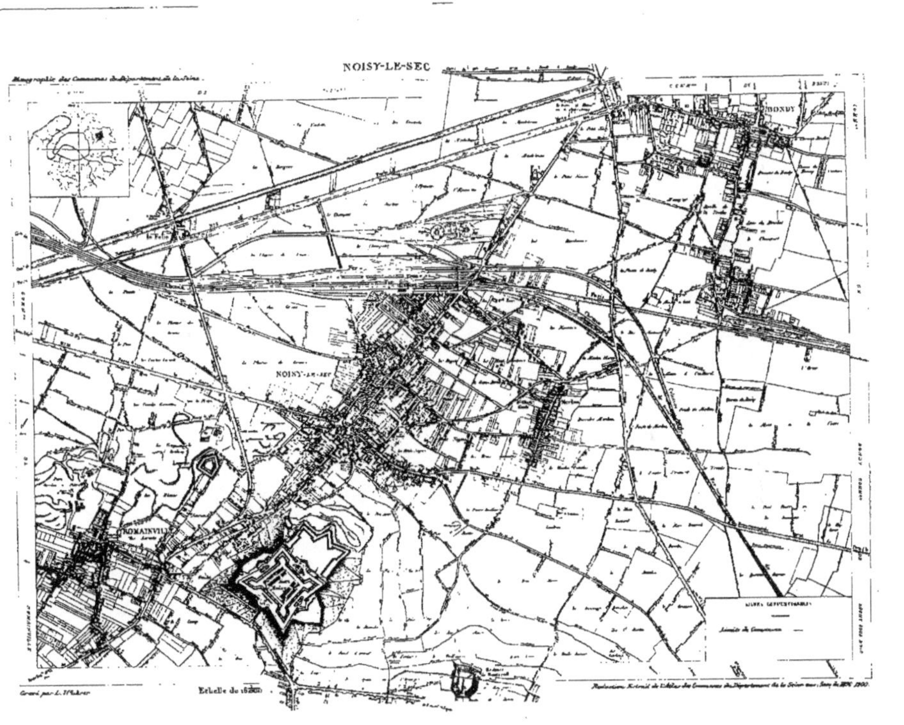
NOISY-LE-SEC
BONDY
NOISY-LE-SEC
ROMAINVILL

www.ingramcontent.com/pod-product-compliance
Lightning Source LLC
LaVergne TN
LVHW020347230826
846091LV00003B/1032

9782013624428